いきなり
スコアアップ!
TOEIC®テスト
600点
英文法集中講義

TOEIC is a registered trademark of Educational Testing Service (ETS).
This publication is not endorsed or approved by ETS.

戸根 彩子 著

日本経済新聞出版社

はじめに

　みなさんは，TOEICに対してどんなイメージを持っていますか。難しい？　学校英語とは別世界？　ビジネスの知識が必要？…15年間英語教育に各方面からかかわってきた私が出した結論は，「全部No」です。中学・高校で学習してきた英語力が備わっていれば，高得点を出すことが可能です。

　TOEICは語彙力（ビジネス用語）・文法力・分析力・情報処理能力がありさえすれば，簡単に答えを導き出せるものばかりです。何か特別なことをしなければ，また，何か特別なビジネスの知識がなければ高得点を出せないようなことはありません。

　学校英語を真面目に学んできた人なら，それを必ずTOEICでも活用できます。もしうまく得点と結びつかないとすれば，その力の引き出し方と，知識と目の前の問題へのリンクができていないからです。

　本書は，私が予備校講師時代に100～200名規模のクラスを多数受け持ち，様々な学習者のつまずくポイントを見てきた経験をもとに読者目線にたって作りました。TOEICで得点を伸ばしたいと思っている方のための，Part 5（文法問題）対策の問題集です。短期間で効率的にスコアアップを図るにはここから攻略するのがベストだからです！…といっても，語学学習は簡単なものではありません。じっくり，しっかり，着実に基本を押さえた人が力をつけます。本書では，なるべく楽しく，継続的に学習ができるように，以下のことにこだわって執筆しました。

① **初〜中級者向けに，とにかくていねいな解説を**
   全問題に構文分析を入れ，文構造を視覚的に理解できるようにしました。
② **TOEIC頻出単語・熟語を使用して問題作成**
   問題を解いていくにつれて，文法力＋語彙力が自然に身につくようになっています。
③ **実際に講義を受けているような授業風景の演出**
   板書は私が手書きしました。講義と合わせてライブ感を味わってください。
④ **達成感が味わえる工夫を**
   構文分析，頻出単語欄，選択肢を含む本文の和訳を通して，解法だけでなく，「文全体が理解できた！」という達成感を味わっていただきたいと思います。

そして，なんといってもこだわったのは，いつでもどこでも持ち運べる手頃なサイズ！机に向かって行うだけが英語学習ではありません。皆さんといっしょに，どんどん外に連れ出してあげてください！

「これまで受けてきた学習は間違っていない」

これを信じて本書を読みすすめてほしいです。あなたには，きっと明るい未来が待っていますよ。

2013年10月
戸根彩子

Contents

はじめに ……………………………………… 2

本書の使い方 ………………………………… 6

入門編

1 動詞のキホン ……………………………… 10

2 受動態のキホン …………………………… 20

3 時制のキホン ……………………………… 30

4 不定詞のキホン …………………………… 40

5 動名詞のキホン …………………………… 50

6 分詞のキホン(前編) ……………………… 60

7 分詞のキホン(後編) ……………………… 70

パワーアップ講義～文法の補足～① ……… 80

8 名詞のキホン ……………………………… 82

9 代名詞のキホン …………………………… 92

10 形容詞のキホン ………………………… 102

11 副詞のキホン …………………………… 112

12 比較のキホン …………………………… 122

13 前置詞のキホン ………………………… 132

14 接続詞のキホン ………………………… 142

15 関係代名詞のキホン ……………………… 152

パワーアップ講義〜文法の補足〜② ……… 162

実践編

1日目 …………………………………………… 164

2日目 …………………………………………… 174

3日目 …………………………………………… 184

パワーアップ講義〜文法の補足〜③ ……… 194

4日目 …………………………………………… 196

5日目 …………………………………………… 208

6日目 …………………………………………… 220

7日目 …………………………………………… 232

Index ……………………………………………… 246

装　　丁	江坂真理子(クリエーターズ・ユニオン)
イラスト	此林ミサ
英文校正	Laura Casterline Shimamoto
編集協力	株式会社エディット

本書の使い方

　「受験勉強で得た英語の知識をTOEIC学習に連動させる」というコンセプトのもと、「入門編」では、TOEICテストでよく狙われる15の文法項目のキホンをまとめました。各項目の解説のあとに練習問題が4題続きます。(文法解説→練習問題)×15セット(60題)というメリハリのある構成です。

　「実践編」は文法項目に縛られず、ランダムに問題が40題掲載されています。入門編で学習したことが定着しているかを7日間で力だめしできます。

【文法のまとめ】

押さえどころをポイントでスッキリまとめ

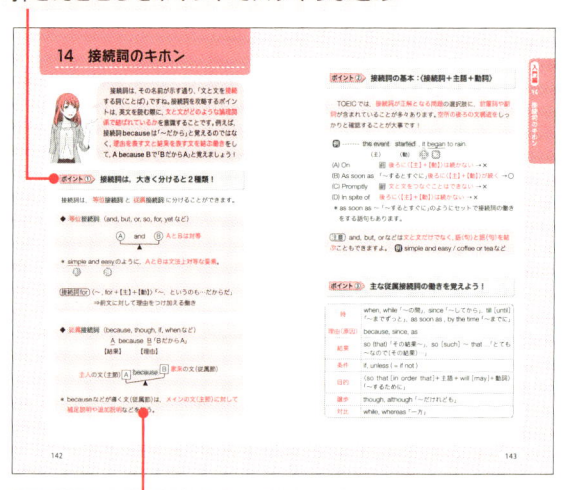

わかりにくい文法の概念をビジュアル化

本書で扱われる主な記号は以下です。

- 主 主語
- 動 動詞
- 目 目的語
- 類 類義語
- ▶ 派生語
- ⇔ 反意語
- (主) 主節以外の主語
- (動) 主節以外の動詞
- (目) 主節以外の目的語

【練習問題】

- 問題と解説を見開きで掲載
  利点 構文分析や解説がすぐ確認できて初級者にも安心

- 構文分析コーナーを設置
  利点 主語・動詞をすばやく読みとる習慣がつく！

- 単語の意味や重要表現を赤文字で掲載
  利点 お手持ちの赤シートを使えば，繰り返し学習が可能

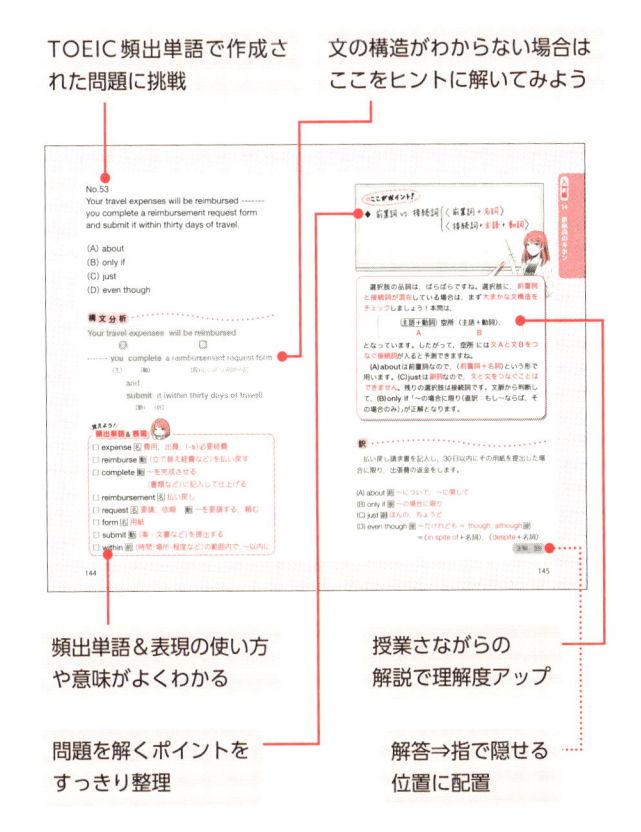

TOEIC頻出単語で作成された問題に挑戦

文の構造がわからない場合はここをヒントに解いてみよう

頻出単語＆表現の使い方や意味がよくわかる

授業さながらの解説で理解度アップ

問題を解くポイントをすっきり整理

解答⇒指で隠せる位置に配置

入門編

TOEIC文法問題攻略への道は，ここから始まります。ひとつひとつ，私がていねいにサポートしますので，一緒にがんばりましょうね。さあ，まずははじめの一歩から…扉を開けてみてください。

1　動詞のキホン

これまで1万人近くの生徒さんに英語を教えてきましたが，英語が苦手な方の大半は，動詞についての理解が甘いと断言できます。まずは，自動詞と他動詞の区別からマスターしましょう。TOEICの文法問題を制覇するには，絶対に外せないポイントですよ。

ポイント①　英語の動詞は2種類！

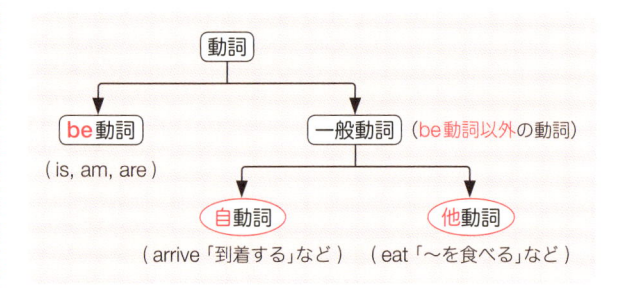

```
             動詞
            /    \
      be動詞    一般動詞（be動詞以外の動詞）
     (is, am, are)   /        \
                自動詞        他動詞
          (arrive「到着する」など)  (eat「～を食べる」など)
```

ポイント②　〈一般動詞＋目的語〉をマスターする！

「俺，渡したんだよね」と誰かに言われたら，「えっ，誰に？何を？」という疑問が自然に浮かびますよね。ざっくり言うと，この「誰に」「何を」にあたる情報（名詞）が目的語と呼ばれるものです。

例 I met Mary near the station.
「俺，駅の近くで会ったんだよね」→「えっ，誰に？」→「Maryにね」

例 I handed Mary a movie ticket .
「俺，Maryに渡したんだよね」→「えっ，何を？」→「映画のチケットを」

ポイント③ 他動詞とは,目的語が必要な動詞のこと!

ポイント② で確認しましたが,目的語とは「誰に」「何を」にあたる名詞のことでしたね。eat an apple「りんごを食べる」や,hand Mary a movie ticket「Maryに映画のチケットを渡す」のように,前置詞をはさまないで,その直後に目的語となる名詞を置くことができる動詞を他動詞と呼びますよ。

〈他動詞＋名詞(＝目的語)〉

例 conduct a survey 「行う」→「何を?」→「調査を」
　　 award the actress 「(賞を)与える」→「誰に?」→「その女優に」
　　 attend a seminar 「参加する」→「何に?」→「セミナーに」

ポイント④ 自動詞の直後に名詞を置くことはできない!

ポイント③ で,他動詞はその直後に目的語となる名詞を置くことができると確認しましたね。一方,自動詞は直後に目的語となる名詞を置くことはできません。次の例で確認してみましょう。

〈自動詞＋前置詞＋名詞〉

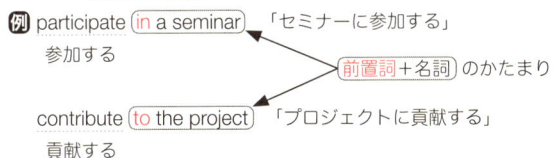

例 participate in a seminar 「セミナーに参加する」
　　参加する
　　　　　　　　　　　　　　　前置詞＋名詞 のかたまり

　　contribute to the project 「プロジェクトに貢献する」
　　貢献する

No.1
Mr. Ford left NRT Engineering Corporation last month to ------- a Netherlands-based company operating and managing waste-to-energy plants.

(A) store
(B) submit
(C) found
(D) impose

構文分析

Mr. Ford left NRT Engineering Corporation (last month)
　(主)　(動)　　　(目)

to ------- a Netherlands-based company
〜するために(目的)　　オランダ

(operating and managing waste-to-energy plants).
＊companyを後ろから修飾　　　廃棄物発電所

覚えよう！ 頻出単語&表現

- □ corporation 名 企業(法人化された企業)
- □ -based 形 (場所)に本拠地を置く、(場所)に拠点のある
- □ operate 動 (会社)を運営[経営]する
  　　　(機械など)を操作する
- □ manage 動 (組織など)を運営する
  　　　(建物など)を管理する

ここがポイント！

◆ 空所 + 名詞（=目的語）
　　↑動詞

◆ 動詞と目的語との相性をチェック！

選択肢はすべて動詞ですね。空所の後ろは，a Netherlands-based company「オランダを本拠地とした会社」という名詞が続いていますね。これは空所に入る動詞の目的語にあたります。companyを目的語にとり，意味が通じるのは(C) found「（会社など）を設立する」だけです。

文全体を読まなくても，選択肢の動詞と後ろの名詞（目的語）との関係から解答できる場合がありますよ！目的語をチェックするだけでは判断に迷う場合のアプローチについては，No.3でお伝えしますね。

訳

先月，Ford氏は，廃棄物発電所の経営と管理を行うオランダを本拠地とした会社を設立するために，NRT Engineering社を退職した。

(A) store 動 （物）を保存する
(B) submit 動 （案・文書など）を提出する
(C) found 動 （会社など）を設立する
(D) impose：impose A on B：A（税金など）をB（人・企業など）に課す

正解 (C)

No.2
Katy's Chocolate has announced that it will provide the new products at an affordable price with the hope that it will ------- its share in the domestic market.

(A) boost
(B) rely
(C) lose
(D) account

構文分析

Katy's Chocolate has announced 【that it will
　　　(主)　　　　　(動)　　　　　(目)

provide the new products (at an affordable price)
　　　　　　　　　　　　　　　手頃な価格で

with the hope [that] it will ------- its share
　　　　　〈名詞＋that＋完全な文〉「〜という名詞」

in the domestic market】.
　　　国内市場

覚えよう！ 頻出単語 & 表現

- □ announce 動 (予定・出来事など)を発表する
- □ provide 動 (必要なもの)を提供する
- □ product 名 製品
- □ affordable 形 (値段が)手頃な
- □ domestic 形 国内の
- □ market 名 市場

> **ここがポイント！**
> ◆ 主語 + 空所 + 名詞
>   └ 他動詞 が入る！
> ◆ 目的語をとらない自動詞は，選択肢から消去しよう！

入門編 1 動詞のキホン

　選択肢は動詞ですね。空所の後ろに，**its share**「シェア」という名詞が続いています。これは空所に入る動詞の目的語にあたります。

　選択肢(B)は rely on ～，(D)は account for ～の形で使われますよ。つまり，自動詞です。したがって，空所に入る動詞は，他動詞の(A) boost と(C) lose に絞られます。

　意味を考えると空所の前に，with the hope that ～「～という希望を持って」というプラスイメージの表現があるので，(A) boost「(価格・量など)を押し上げる」が適切ですね。

訳

　Katy's Chocolate 社は，手頃な価格で新製品を提供し，それによって国内市場のシェアを拡大したい考えを発表した。

(A) boost 動 (価格・量など)を押し上げる，増やす
(B) rely：rely on ～：～に頼る，依存する
(C) lose 動 ～を失う
(D) account：account for ～：(物・人などが)(ある割合)を占める

正解　(A)

No.3
To learn about and develop their problem-solving skills, new employees at K.U. Textiles will ------- workshops and seminars for small businesses at the Congress Center.

(A) attend
(B) organize
(C) participate
(D) coincide

構文分析

(To learn about and develop their problem-solving skills),
　～するために(目的)　　　　　　　　　問題解決能力

new employees (at K.U. Textiles) **will** -------
　　　主　　　　　　　　　　　　　　　　　　動

workshops and seminars (for small businesses)
　　　　　目　　　　　　　　　　　中小企業

(at the Congress Center).

覚えよう! 頻出単語&表現

- □ develop 動 (能力・事業など)を高める、(製品など)を開発する
- □ solve 動 (問題など)を解決する
- □ employee 名 従業員, 社員
- □ business 名 事業, (商)取引, 企業

ここがポイント！

◆ 主語 + 空所 + 名詞
　　　　　↑他動詞 が入る！
◆ 空所の後ろの語(句)をチェックするだけでは正解にたどり着けない場合は、文全体に目を通す！

　選択肢は動詞ですね。空所の後ろに，workshops and seminars「研修会やセミナー」という名詞(＝目的語)が続いているので，空所に入るのは他動詞ですね。

　選択肢のうち他動詞は(A)attendと(B)organizeです。どちらもworkshops and seminarsを目的語にとることができますが，主語はnew employees at K.U. Textiles「K.U. Textiles社の新入社員」なので，(A)attend「(会議など)に参加する」が適切ですね。

入門編 1 動詞のキホン

訳

　問題解決能力について学び，それを高めるために，K.U. Textiles社の新入社員はCongress Centerで行われる中小企業向けの研修会やセミナーに参加する。

(A) attend 動 (会議など)に参加する，(学校など)に通う
(B) organize 動 (行事など)を計画する，(情報など)を整理する
(C) participate : participate in 〜 : (行事など)に参加する
(D) coincide : coincide with 〜 : (考えなどが)〜と一致する

正解　(A)

17

No.4

Creating new distribution channels and increasing advertising expenditures ------- RB Cosmetics to increase its sales, according to an economic analyst, Sarah Davis.

(A) urged
(B) delivered
(C) attempted
(D) enabled

構文分析

Creating new distribution channels
and
increasing advertising expenditures
　　　　　流通経路
　　　　　広告費 (主)

------- RB Cosmetics to increase its sales,
 (動)　　(目)　　　to 不定詞　　売り上げ

(according to an economic analyst, Sarah Davis).
　　　　　　　経済アナリスト

覚えよう! 頻出単語&表現

- □ distribution 名 配布, 流通
- □ increase 動 (物・数量・人)を増やす
- □ advertising 名 宣伝, 広告
- □ expenditure 名 支出額, 費用
- □ according to 〜 : (調査・人)によると
- □ economic 形 経済の

> **ここがポイント！**
> ◆ 主語 + 空所 + 名詞 + to do
>   ↳ 着目すべし！
>   = 〈他動詞 + 目的語 + to do〉
>   頻出パターン！

選択肢(A)(C)(D)は，to不定詞と関係が深い動詞ですね。空所の後ろは〈名詞(RB Cosmetics) + to do (to increase its sales)〉という形で，選択肢の中でこの形をとる動詞は(A)urgedと(D)enabledだけです。

(A)のurgedは，主語の位置に「人」がくる動詞なので，不正解です。enable A to doの形で「Aが～することを可能にする」という意味を表す(D)enabledが正解です。enableのように，後ろに〈目的語 + to do〉を伴う動詞については，P.41の表でチェックしてまとめて覚えてくださいね。

訳

経済アナリストのSarah Davisによれば，RB Cosmetics社は新しい流通経路の開拓と広告費の拡大によって，売り上げを伸ばすことができたということである。

(A) urged：urge A to do：(人が)Aに～するよう強く促す
(B) delivered：deliver A to B：AをBに届ける
(C) attempted：attempt to do：～しようと試みる
(D) enabled：enable A to do：Aが～することを可能にする

正解 (D)

2　受動態のキホン

英語の文の基本は〈主語＋動詞〉ですが，動詞の形（＝態）は能動態か受動態のどちらかに分類されます。受動態は〈be動詞＋過去分詞〉の形で表しますよ。TOEICで狙われる受動態の問題パターンと共に基本事項を確認していきましょう。

ポイント①　動詞の形は能動態か受動態のどちらか！

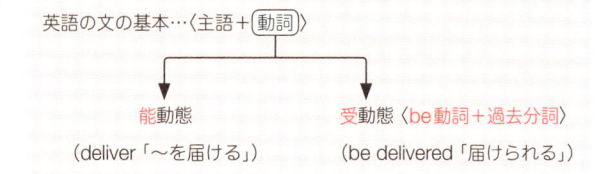

英語の文の基本…〈主語＋動詞〉

能動態　　　　　　　　受動態〈be動詞＋過去分詞〉
（deliver「～を届ける」）　　（be delivered「届けられる」）

ポイント②　〈by＋行為者〉がない受動態のほうが普通！

受動態＝「～によって…される」と覚えている方も多いと思います。しかし，受動態を用いた文の中で，「～によって」を表す〈by＋行為者〉がないことはよくありますよ。次の２つの例で確認してみましょう。

例 1. Newspapers are delivered at five every morning.
「新聞は毎朝５時に配達される」
＊ 新聞配達員によって配達されるのは明らかですね。

2. My cell phone was stolen.
「私の携帯が盗まれた」
＊ 誰に盗まれたのか不明。または，言いたくない場合も。

ポイント③ 受動態〈be動詞＋過去分詞〉になると，目的語が欠ける！

受動態〈be動詞＋過去分詞〉になると，目的語が欠けるとはどういう意味でしょうか。次の例を見てみましょう。

例 submit a report 「報告書を提出する」（能動態）

A report is submitted (×). 「報告書が提出される」（受動態）

＊能動態の時に【目的語】だったものが【主語】の位置に移動して受動態の文が作られます。そのため，後ろにあった目的語がなくなるわけですね。TOEICの文法問題を解く際に，重要なポイントとなるのでしっかりおさえておきましょう！

ポイント④ 〈助動詞＋受動態〉の形をマスターすべし！

〈助動詞＋be動詞の原形＋過去分詞〉はTOEICの頻出パターンです。
→ can / will / may / must / should など

例 will postpone the meeting 「会議を延期する」

The meeting will be postponed. 「会議は延期される」

ポイント⑤ 頻出パターン〈完了形＋受動態〉と〈受動態＋to不定詞〉をおさえる！

→問題No.6とNo.8をチェック！

No.5

A retirement party ------- on March 15 at West Grand Hotel for Adams Bowers, who is retiring from his position as chief technology officer of MG Software.

(A) hold
(B) held
(C) will hold
(D) will be held

構文分析

A retirement party ------- (on March 15) (at West Grand
主 退職祝賀会　　　動

Hotel) (for Adams Bowers), who is retiring from his
　　　　　　　　　　　　　　　=

position as chief technology officer (of MG Software).
　　　　　　　最高技術責任者

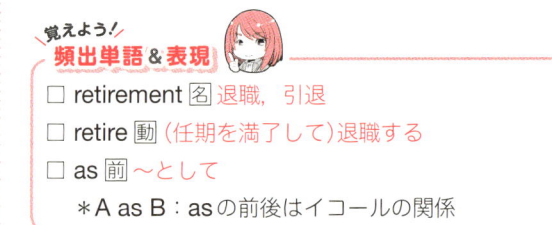

頻出単語 & 表現 覚えよう!

□ retirement 名 退職, 引退
□ retire 動 (任期を満了して)退職する
□ as 前 ～として
　＊A as B：asの前後はイコールの関係

> ☆ここがポイント！
> ◆ 頻出パターン：〈助動詞＋受動態〉
>   → be動詞の原形＋-ed
> ◆ My bag was stolen ✗.
>   受動態   目的語がない！

空所には，主語A retirement party「退職祝賀会」に対応する動詞が入りますね。選択肢には，「(会議・パーティーなど)を開く」という意味の動詞holdがさまざまな時制で並んでいます。

選択肢に能動態と受動態の両方が含まれている場合は，時制を特定する前に，「態」を特定しましょう。「態」を特定する際のポイントは，空所の後ろに目的語があるかどうかをチェックすることです。

本問は，空所の後ろに〈前置詞＋名詞〉が続いており，目的語となる名詞がないので，目的語を必要とする(A)(B)(C)は不適切ですね。したがって，受動態である(D) will be heldが正解となります。

助動詞の後ろに受動態を続ける場合は，〈助動詞＋be動詞の原形＋過去分詞〉という形をとるので注意しましょう。

訳

MG Software社の最高技術責任者を退任するAdams Bowersのために，退職祝賀会が3月15日にWest Grand Hotelで行われる。

(A) hold 動 (会議・パーティーなど)を開く：原形
(B) held：過去形・過去分詞
(C) will hold：〈助動詞＋動詞の原形〉
(D) will be held：〈助動詞＋受動態〉

正解 (D)

No.6
Mr. Gray ------- to overseas sales manager because he contributed significantly to developing new markets in Asia.

(A) promoted
(B) will promote
(C) be promoted
(D) has been promoted

構文分析

Mr. Gray ------- to overseas sales manager (because
(主)　　(動)　　　　海外営業部長

he contributed (significantly) to developing new
(主)　　(動)

markets in Asia).
市場

覚えよう！ 頻出単語&表現

- overseas 形 海外の 副 海外で
- manager 名 責任者, 管理者
- 〈contribute to +名詞[動名詞]〉:
  　　　　(団体・事業など)に貢献・寄付する
- significantly 副 大きく, かなり
- develop 動 (事業)を発展させる

ここがポイント！

◆ 頻出パターン：〈現在完了＋受動態〉
　　　　　　　　have been + -ed

◆ 「昇進する」という日本語に惑わされない！
　　be promoted to 役職
　　　　　　　　　受動態で表す！

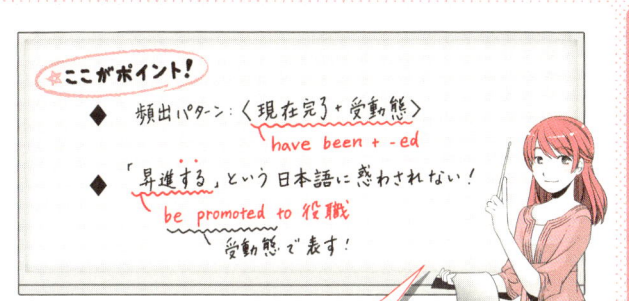

空所には主語 **Mr. Gray** に対応する動詞が入ります。皆さんは，空所の後ろにある **to overseas sales manager** を見て，「前置詞 to ＋役職名」だ！とピーンときたでしょうか？ 選択肢の動詞 promote は〈promote ＋人＋ to ＋役職〉という形で「人をある役職へと昇進させる」という意味を表します。

空所の後ろに promote の目的語となる「人」を表す名詞がないため，(A) と (B) は不適切ですね。次に，(C) についてですが，原則的に動詞の位置に原形を用いることはできないので，**Mr. Gray be promoted** という形は不適切ですね。したがって，正解は (D) **has been promoted** となります。

訳

Gray 氏はアジアで新しい市場の開拓に大きく貢献したという理由で，海外営業部長に昇進した。

(A) promoted 動〈promote ＋人＋ to ＋役職〉
　　　　　：(人)を(役職)へと昇進させる：過去形・過去分詞
(B) will promote：〈助動詞＋動詞の原形〉
(C) be promoted：受動態
(D) has been promoted：現在完了形（受動態）

正解 (D)

No.7

To reduce energy use at work, it is essential that all electrical appliances such as computers and copy machines ------- at the end of your shift rather than left on standby.

(A) turn off
(B) turned off
(C) be turned off
(D) has turned off

構文分析

(To reduce energy use at work), 【it】 is essential 【that
〜するために(目的)　　　　　　　　主　動
　　　　　　　　　　　　　　　形式主語 it = that 節

all electrical appliances (such as computers and
　　　(主)　　　　　　　　〜のような

copy machines) ------- (at the end of your shift)
　　　　　　　　　(動)　　　　終業時に

rather than left on standby】.

頻出単語 & 表現

- □ reduce 動 (数量・価格など)を減らす
- □ essential 形 不可欠な，極めて重要な
- □ electrical appliance 名 電化製品
- □ A rather than B：B よりむしろ A
- □ leave A B：A を B のままにしておく
  - ＊本問は, leave all electrical appliances on standby
    　　　　　　　　　　　　A　　　　　　　　　B
    を受動態にした形。

> **☆ここがポイント！**
>
> ◆ 注意！：(should) + 受動態
> 　　　　　　　　→ be動詞の原形 + -ed

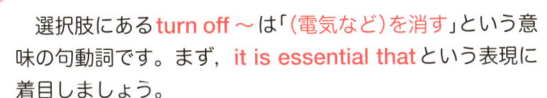

選択肢にある **turn off ~** は「(電気など)を消す」という意味の句動詞です。まず, **it is essential that** という表現に着目しましょう。

この表現は,〈**It is essential that + 主語 + (should) + 動詞の原形**〉の形で「~することは極めて重要である」という意味を表します(※**TOEIC** では should がない形で出題されます)。したがって, 空所には that 節内の主語である **all electrical appliances**「あらゆる電化製品」に対応する動詞が入り, その形は原形となります。

選択肢の中で動詞の原形が用いられているのは, **(A) turn off**「~を消す」と **(C) be turned off**「消される」ですね。能動態の **(A)** か受動態の **(C)** か, それを決定するのは空所の後ろの目的語の有無ですよ。空所の後ろに目的語となる名詞がないので, 正解は **(C) be turned off** となります。

訳

職場でのエネルギー使用を減らすためには, パソコンやコピー機のようなあらゆる電化製品をスタンバイモードのままにしておくのではなく, 終業時にそれらの電源を切ることが極めて重要である。

(A) turn off：(電気など)を消す：原形(能動態)
(B) turned off：過去形(能動態)
(C) be turned off：受動態
(D) has turned off：現在完了形(能動態)

正解 (C)

No.8
Following the merger with SR Iron and Steel, the annual production capacity of steel of MMT Acier is expected ------- by 10 million tons by the end of this fiscal year.

(A) increase
(B) to increase
(C) be increased
(D) increasing

構文分析

(Following the merger with SR Iron and Steel),
　　　　　　　　～との合併

the annual production capacity (of steel)
　　　年間生産能力　　　　　　　　鉄鋼

(of MMT Acier) is expected ------- (by 10 million tons)
　　　　　　　　　　　　　　　　　　～ほど(程度を表す)

(by the end of this fiscal year).
　～の終わりまでに

頻出単語 & 表現

- following 前 ～の後に　類 after
- merger 名 合併
- annual 形 年に一度の,一年間の
- production 名 生産,生産[制作]したもの
- capacity 名 (生産)能力,(収容)能力
- fiscal year 名 会計年度

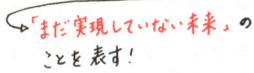

> **ここがポイント！**
>
> ◆ 頻出パターン：〈受動態 + to do〉
>   └→「まだ実現していない未来」のことを表す！

空所の前にある受動態 is expected は，後ろに to 不定詞を伴い，be expected to do の形で「〜すると期待[予想]されている，〜する予定だ」という意味を表します。したがって，正解は (B) to increase となります。この increase は「増える」という意味の自動詞用法で用いられていますよ。

〈受動態 + to do〉は頻出の形なので，下の類似表現と共に必ず覚えておきましょう。

- be required to do 「〜するよう求められる」
- be assigned to do 「〜するように任命される」
- be encouraged to do 「〜するよう勧められる」
- be pleased [delighted] to do 「喜んで〜する」
- be scheduled to do 「〜する予定だ」
- be supposed to do 「〜することになっている」

訳

SR Iron and Steel 社との合併の後，MMT Acier 社の年間鉄鋼生産能力は今年度中に 1,000 万トン増加する見通しである。

(A) increase 動 増える：原形
(B) to increase：to 不定詞
(C) be increased：受動態
(D) increasing：現在分詞・動名詞
  形 ますます増加する

正解 (B)

3 時制のキホン

英語は動詞の形を変化させることで, 現在, 過去, 未来などの時制を表します。この単元では, 問われている時制を素早く特定し, 効率良く正答を導くための着眼点をお伝えします。

ポイント ① 時を表す語句に着目!

例題 Mr. Palmer , general manager of the administration
　(主)　　　　　　　本部長　　　　　　　総務部
department, ------- at the end of next month.
　　　　　　　　　(動)

(A) has retired　　　現在完了形
(B) retired　　　　　過去形
(C) was retiring　　過去進行形
(D) will retire　　　未来形

ヒント 選択肢が全て動詞で時制がバラバラなので, 時制を特定する問題だとわかります。at the end of next month が時を表す語句です。

答え at the end of next month「来月末に」は, 未来の時を表すので, (D) will retire が正解。

主な**時を表す語句**についてまとめておきます。覚えておきましょう。

現在	now「今」, currently「現在」
過去 (完了)	yesterday「昨日」, last ～「昨～」, ～ ago「～前」, previous「以前の」, previously「以前に」, 〈when ＋主語＋動詞の過去形〉「～が…した時」
未来	tomorrow「明日」, next ～「翌～」, in ～「～後に」, the upcoming ～「今度の[来る]～」
現在完了	since then [that time]「それ[その時]以来」, 〈since ＋主語＋動詞の過去形〉「～が…して以来」, over the past [last] few years「この数年にわたって」

入門編 3 時制のキホン

ポイント② 「態」→「時制」の順で解く！

例題 Mr. Williams ------- with his job since he was transferred to
　　　　㊤　　　　　㊦　　　　　　　　　　　　　　～へ異動になる
another department.
　　　部署

(A) satisfied　　　　　　　過去形（能動態）
(B) was satisfied　　　　　過去形（受動態）
(C) has been satisfied　　現在完了形（受動態）
(D) is satisfying　　　　　現在進行形（能動態）

ヒント 選択肢に，能動態と受動態の両方がありますね。最初に「態」を確定させてから，時を表す語句をヒントに時制を特定しましょう。

答え 動詞satisfyは「（人）に満足を与える」という意味の他動詞です。空所の後ろは〈前置詞＋名詞〉で目的語ではないので受動態を使いますよ。また，〈since＋主語＋動詞の過去形〉「～が…して以来」から，時制は現在完了形だと判断できます。(C) has been satisfied が正解です。

ポイント③ 時・条件を表す副詞節に注意！

when, ifなどの「時や条件を表す接続詞」に導かれる節（＝副詞節）では，未来のことも現在形で表します。

例 ✕ If it ~~will rain~~ tomorrow, the event will be canceled.
　　 ○ If it rains tomorrow, the event will be canceled.
　　「もし明日雨なら，イベントは中止される」

覚えよう！【時や条件を表す副詞節】

when（～する時）
before / after（～する前に / 後に）
as soon as（～するとすぐに）　　　　　he ~~will arrive~~
till / until（～までずっと）　　　　　 he arrives
by the time（～までに）
if / unless（もし～ / もし～でなければ）

＊〈主語＋現在（完了）形〉を用いて，未来の内容を表す！

No.9
The details of the plan to collaborate with RU Electronics to develop new products ------- in a few weeks.

(A) announce
(B) announcing
(C) is announced
(D) will be announced

構文分析

The details (of the plan) (to collaborate with RU Electronics to develop new products) -------

(主) planを後ろから修飾
〜と共同で行う
(動)

(in a few weeks).

覚えよう！ 頻出単語 & 表現

- □ detail 名 詳細，細部
- □ collaborate 動 共同で行う（＝ work together）
- □ develop 動 （能力・事業など）を高める，（製品など）を開発する
- □ product 名 製品
- □ 〈in ＋ X時間〉：(今から) X時間後に

> **ここがポイント！**
>
> ◆ 時を特定する前に 態（能動・受動）を特定すべし！

選択肢のannounceは「（予定・出来事など）を発表する」という意味の動詞です。空所には，主語The details「詳細」に対応する動詞が入りますね。

選択肢に能動態と受動態の両方が含まれています。まずは「態」を確定しましょう。空所の後ろに目的語となる名詞がないので，The details「詳細」が「発表される」という受動態になります。選択肢のうち受動態は，(C)と(D)です。主語The detailsは複数形なので，単数形であるisは誤りですね。したがって，正解は(D) will be announcedとなります。

空所の後ろは〈in + X時間〉「（今から）X時間後に」という重要な表現です。未来の事柄を述べる際に使われますよ。

訳

RU Electronics社と新製品を共同開発する計画についての詳細は，数週間後に発表される。

(A) announce 動（予定・出来事など）を発表する：原形
(B) announcing：現在分詞・動名詞
(C) is announced：現在形（受動態）
(D) will be announced：〈助動詞＋受動態〉

正解 (D)

入門編 3 時制のキホン

No.10
Previous to his present employment, Mr. Johnson ------- with import and export of pharmaceutical products at CSR Laboratories, one of the leading pharmaceutical companies of Australia.

(A) is involved
(B) was involved
(C) will be involving
(D) has been involved

構文分析

(Previous to his present employment), Mr. Johnson 〔主〕

------- with import and export (of pharmaceutical products)
〔動〕   医薬品

(at CSR Laboratories),
       ‖
one of the leading pharmaceutical companies of Australia .
〈one of ＋複数名詞〉「〜のひとつ」   製薬会社

＊one of 以下は，CSR Laboratoriesを詳しく説明

覚えよう！ 頻出単語＆表現

- [ ] previous 形 (時間・順序が)前の，以前の
    ＊previous to 〜：〜の前に
- [ ] present 形 現在の，出席している　類 current 現在の
- [ ] employment 名 (雇われて行う)仕事，雇用
- [ ] import 名 輸入 ⇔ export 名 輸出
- [ ] pharmaceutical 形 製薬の　名 (〜s)製薬会社
- [ ] leading 形 一流の，主要な

ここがポイント！

◆ previous「形（時間・順序が）前の、以前の」
→ 時を特定するのに役立つキーワード！

まず、「態」を確定しましょう。選択肢の involve は「（必要なもの）を含む、（活動などに）（人）を関わらせる」という意味の他動詞です。

空所の後ろには、involve の目的語となる名詞はなく前置詞 with が続いていますね。したがって、ここは受動態だと判断できます。be involved with [in] ～の形で「～に関わっている」という意味の頻出表現なので覚えておきましょう！

では、時制を特定しましょう。文頭に Previous to his present employment「現職の前に」とありますから、Mr. Johnson 以下は過去の内容を表すことになります。(B) was involved が正解です。

訳

現職の前、Johnson 氏はオーストラリアの大手製薬会社のひとつである CSR Laboratories で医薬品の輸出入に関わっていた。

(A) is involved：involve 動（必要なもの）を含む、（活動などに）（人）を関わらせる：現在形（受動態）
(B) was involved：過去形（受動態）
(C) will be involving：未来進行形（能動態）
(D) has been involved：現在完了形（受動態）

正解 (B)

No.11
Over the past few years, Katy's Resort Hotel ------- a steady increase in the number of overnight guests partly because of the introduction of an online booking system.

(A) was seen
(B) has seen
(C) saw
(D) seeing

構文分析

(Over the past few years), Katy's Resort Hotel -------
　　　　　　　　　　　　　　　　　　　　　　　　主　　　　　動

a steady increase (in the number of overnight guests)
　　目　　　　　　　　　　　　　　〜の数　　　　宿泊客

partly because of the introduction
　〜が原因のひとつで

(of an online booking system).
　　　オンライン予約システム

覚えよう！ 頻出単語&表現

□ over the past [last] few years：この数年にわたって
□ steady 形 着実な，安定した
□ increase 名（in〜）（〜の）増加
□ because of 〜：〜を理由に，〜が原因で
□ introduction 名 導入，採用，紹介
□ booking 名 予約

ここがポイント！

◆ over the past [last] few years
→ 現在完了の文に現れる！

空所には主語Katy's Resort Hotelに対応する動詞が入ります。まず、「態」を確定しましょう。空所の後ろには目的語となる名詞a steady increase「着実な増加」がありますね。選択肢のうち，後ろに目的語をとるのは(B) has seenと(C) sawです。能動態で表しますよ。

次に，時制を特定するためにヒントとなる語句を探しましょう。ズバリありましたね！**over the past [last] few years** は「この数年にわたって(＝数年前から現在に至るまで)」という意味で，「過去と現在のつながり」を表す現在完了形の文と相性バッチリの頻出表現です！**(B) has seen** が正解となります。

他に，since ～「～以来」，for (these) ～ years「(ここ)～年間」なども現在完了形と共に使われます。

訳

この数年にわたって，Katy's Resort Hotelはオンライン予約システムを導入したことなどが理由で，宿泊客の数が着実に増えている。

(A) was seen：過去形(受動態)
(B) has seen：現在完了形(能動態)
(C) saw：過去形(能動態)
(D) seeing：現在分詞・動名詞

正解　(B)

入門編 3 時制のキホン

No.12

If you use high quality product photography on your e-commerce website, it ------- build credibility for your online business.

(A) help
(B) helped
(C) will help
(D) helping

構文分析

If you use high quality product photography
　　　　　　　高品質な　　商品の写真撮影(技術)
(on your e-commerce website),　【条件を表す副詞節】

it ------- build credibility (for your online business). 【主節】
主　動

頻出単語＆表現 （覚えよう！）

□ product 名 製品
□ commerce 名 商業，通商
　＊e-commerce 名 電子商取引，
　　　　　　　　　インターネットによる通信販売
□ credibility 名 信用，信頼

> **ここがポイント！**
>
> ◆ 時・条件を表す副詞節 … 未来のことでも現在形！
>   → when / before / after / as soon as / if / unless

動詞 help は〈help ＋ (to) ＋動詞の原形〉で「～するのを助ける，～するのに役立つ」という意味です。

空所には，主語 it に対応する動詞が入るので，3人称単数形の -s がついていない (A) help は不適切ですね。また，現在分詞の (D) helping は動詞の位置に置くことはできません。

本問における最大の着目ポイントは，文頭の〈If ＋主語＋動詞〉です。時・条件を表す副詞節なので，現在形を用いていますが，主節の it 以下は未来の内容を表しています。したがって，主節の動詞は未来の内容を表す (C) will help となります。（参照 P.31 **ポイント ③**）

訳

あなたが運営する通販サイトで，高品質な撮影技術を用いて商品を撮影すれば，あなたのオンラインビジネスに対する信頼を構築するのに役立つだろう。

(A) help 動 ～するのを助ける，～するのに役立つ：原形
(B) helped：過去形・過去分詞
(C) will help：〈助動詞＋動詞の原形〉→未来を表す
(D) helping：現在分詞・動名詞

正解 (C)

4　不定詞のキホン

to do（to不定詞）の核となるイメージとは何でしょう？その核となるイメージを知ることで，to doの働きやto doと相性が良い動詞についての理解が深まりますよ。なるべく丸暗記をしない形で，to doに関係するTOEIC頻出パターンを攻略していきましょう。

ポイント①　to doは「これからすること」を表す！

まずは，下の例から見てみましょう。

例　Mr. Tanaka hopes (to find a better job).〈名詞用法〉
　　　～を望んでいる　もっと良い仕事を見つけること

「（今より）もっと良い仕事を見つけたい」ということは，「これから見つけたい」という意味ですから，to doが表す内容は未来のことを表していると言えますね。

続いて，次の例を見てみましょう。

　　　　　　　　　　　　　　前にある名詞を詳しく説明
例　She refused an offer (to help her).〈形容詞用法〉
　　　～を断った　手伝ってあげよう　という申し出

to help her「これから手伝ってあげよう」ということは，「まだ手伝っていない」という意味でもありますね。したがって，to doは「まだやっていないこと」を表すと理解することもできます。

最後に，次の例を確認して終わりにしましょう。

　　　　　　　　　　　　　　　動詞を修飾
例　He has been studying English (to study abroad).〈副詞用法〉
　　　　　　　　　　　　　　　　留学するために

to doのイメージは，もう大丈夫ですね。彼にとって，留学はまだ実現していない未来のことだとわかりますね。

ポイント② 〈動詞＋to do〉:「まだ実現していないことを〜する」

「まだ実現していないこと」＝ to do(to 不定詞)を目的語にとる動詞は以下のようなものがあります。

```
願望 (hope)・意図 (intend)・申し出 (offer)
計画 (plan)・挑戦 (attempt)・決心 (determine)   ＋  to do
ためらい (hesitate)・拒否 (refuse) など
```

ポイント③ TOEIC頻出パターン:〈受動態＋to do〉

to不定詞のイメージを生かしながら,次の表にある〈受動態＋to do〉の頻出表現を覚えましょう！

能動態 Aに〜するよう…する	受動態 (Aは)〜するよう…される
【要求する】require [request] A to do	be required [requested] to do
【勧める】encourage A to do	be encouraged to do
【予想する】expect A to do	be expected to do
【気づかせる】remind A to do	be reminded to do
【強く勧める】advise A to do	be advised to do
【許可する】allow [permit] A to do	be allowed [permitted] to do

No.13
Sun Automobile has agreed ------- a deal with BN Motors for the joint development of fuel cell vehicles.

(A) sign
(B) signed
(C) signing
(D) to sign

構文分析

Sun Automobile has agreed ------- a deal (with
　　(主)　　　　　(動)

BN Motors) (for the joint development)

(of fuel cell vehicles).
　　　燃料電池自動車

頻出単語 & 表現

- deal 名 取引, 契約　類 contract
- joint development 名 共同開発
- fuel 名 燃料
- vehicle 名 乗り物, 車, 手段

> **ここがポイント!**
>
> ◆ to do =「これからすること／まだ実現していないこと」
>
> キホン！：〈動詞 + to do〉

選択肢は動詞 sign「（契約書など）に署名する」の変化形ですね。空所の前にある動詞 agree「同意する」に着目し，後ろに同意する内容が続くと考えましょう。同意する内容は，to do を用いて表します。

agree to do の形で「～することに同意する」という意味を表しますよ。Sun Automobile 社は，これから to sign a deal with BN Motors「BN Motors 社と契約を結ぶ」ということになります。

sign a deal with ～ は「～との取引契約に署名する（→～と契約する）」という意味です。sign a contract with ～ という類義表現とセットで覚えましょう。

訳

Sun Automobile 社は燃料電池自動車を共同開発するために，BN Motors 社と契約を結ぶことに同意した。

(A) sign 動（契約書など）に署名する：原形
(B) signed：過去形・過去分詞
(C) signing：現在分詞・動名詞
(D) to sign：to不定詞

正解 (D)

No.14
With a growing awareness of the importance of safety and health management, the factory workers of H.K. Foods are ------- to wear masks as well as hairnets, uniforms and gloves.

(A) require
(B) required
(C) requires
(D) requirements

構文分析

(With a growing awareness of the importance of

safety and health management), the factory workers
　安全　　　　　衛生管理　　　　　　　　　㊗

(of H.K. Foods) are ------- to wear
　　　　　　　　　　　　㊙

masks as well as hairnets, uniforms and gloves.
　　　 A as well as B

覚えよう！ 頻出単語 & 表現

□ grow 動 増大する,成長する
□ awareness 名 自覚,意識,認識
□ management 名 管理,経営,経営陣
□ A as well as B：Bだけでなく A も

> **ここがポイント!**
> ◆ 頻出パターン:〈受動態 + to do〉
> ◆ be required [requested] to do
> 「〜するよう求められる」
> → 「求められる」内容は，
> 「まだ実現していない未来のこと」

選択肢は動詞require「(物・行為)を必要とする」の変化形と，その派生語requirementの複数形ですね。

空所の前にbe動詞がありますね。(A)(C)のような動詞の形は，be動詞の直後には置けませんね。さて，空所の後ろのto doに着目しましょう。動詞requireはbe required to do「〜するよう求められる」という受動態の形で頻出でしたね(参照 P.41 ポイント③)。パターンを当てはめて，意味を確認しましょう。

the factory workers「工場勤務の者」はare required to wear masks「マスクを着用するよう求められる」となり，意味が通りますね。

訳

安全や衛生管理の重要性についての意識が高まっているため，H.K. Foods社の工場勤務の者はヘアネットや制服や手袋だけでなくマスクも着用するよう求められている。

(A) require 動 (物・行為)を必要とする:原形
(B) required:過去形・過去分詞
(C) requires:3人称単数現在形
(D) requirements 名 必要な物[事]，必要条件，資格
　　例 meet [fulfill] the requirements:必要条件を満たす

正解 (B)

No.15

As part of global education, TS Electronics gives all new employees the opportunity ------- English language schools in the United States and improve their English ability.

(A) attend
(B) attended
(C) to be attended
(D) to attend

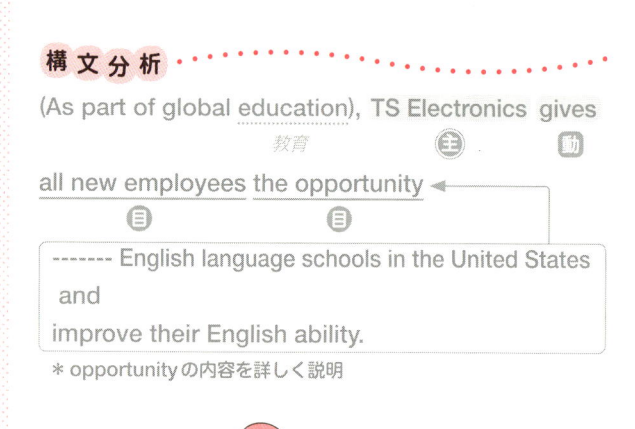

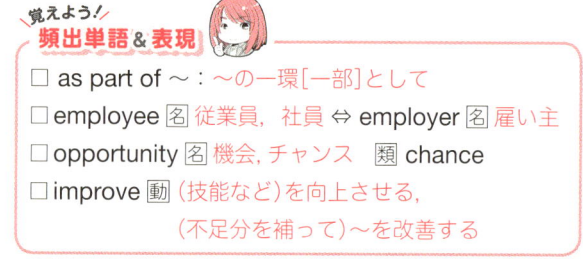

構文分析

(As part of global education), TS Electronics gives
　　　　　　　　　　　　教育　　　　　　　主　　　　動

all new employees the opportunity ◀
　　　　　目　　　　　　　　目

> ------- English language schools in the United States and
> improve their English ability.

＊opportunityの内容を詳しく説明

覚えよう！ 頻出単語 & 表現

□ as part of 〜 : 〜の一環[一部]として
□ employee 名 従業員, 社員 ⇔ employer 名 雇い主
□ opportunity 名 機会, チャンス　類 chance
□ improve 動 (技能など)を向上させる,
　　　　　　　(不足分を補って)〜を改善する

ここがポイント！

to do が **前にある名詞を詳しく説明**

◆ 〈名詞 + to do 〉「〜する名詞」
　offer（申し出）
　attempt（試み）
　right（権利）など

　選択肢は動詞attend「（会議など）に参加する，（学校など）に通う」の変化形ですね。空所の前にある名詞opportunity「機会，チャンス」に着目しましょう。また，空所の後ろには「どんな機会か」を説明する内容が続いていますね。この部分は「まだ実現していないこと」なので，to doを使います。opportunity to doの形で「〜する機会，チャンス」という意味です。
　次は，(C)to be attendedか(D)to attendか，という問題ですね。空所の後ろのEnglish language schoolsはattend「（学校など）に通う」の目的語にあたる名詞があるので，空所は能動態の形をとる(D)to attendが適切です。

訳

　グローバル教育の一環として，TS Electronics社はすべての新入社員に対し，米国の語学学校に通い英語力を向上させる機会を与えている。

(A) attend 動（会議など）に参加する，（学校など）に通う：原形
(B) attended：過去形・過去分詞
(C) to be attended：to 不定詞（受動態）
(D) to attend：to不定詞（能動態）

正解　(D)

入門編　4　不定詞のキホン

No.16

To build good relationships with your coworkers, you are ------- to participate in corporate volunteer programs and interact with them outside of the office.

(A) devoted
(B) encouraged
(C) exposed
(D) committed

構文分析

(To build good relationships with your coworkers),
　〜するために(目的)

you are ------- to
　主　　動

participate in corporate volunteer programs

and

interact with them outside of the office.
　　　　　　　　　　　　〜の外で

覚えよう！ 頻出単語&表現

- relationship 名 関係
- coworker 名 同僚　類 colleague
- participate in 〜：〜に参加する
- corporate 形 法人(組織)の, 会社の
- interact 動 (with 〜)(〜と)交流する

> **ここがポイント！**
> ◆ 受動態（be動詞+ -ed）の後ろの形に気をつける！
> ◆ 受動態 + ⟨ to do（to 不定詞）
>   to doing（前置詞 to + 動名詞）

選択肢はさまざまな動詞の過去分詞ですね。空所の前後 **you are ------- to participate** に着目しましょう。実は，選択肢の中で〈be動詞+過去分詞+to do〉の形をとるのは **(B) encouraged** だけなのです。

be encouraged to do は「〜するよう勧められる」という意味を表し，頻出の形なのでしっかりおさえておきましょう。他の選択肢 **(A)(C)(D)** は，後ろに to 不定詞ではなく，〈**to**＋動名詞[名詞]〉を伴うので注意してくださいね。

to が含まれる定型表現や熟語は，**to do** と **to doing** のどちらの形をとるのか意識して覚えることが大事ですよ！

訳

同僚と良い関係を築くために，会社で行われているボランティアプログラムに参加し，社外で同僚たちと交流することをお勧めします。

(A) devoted：〈be devoted to ＋名詞[動名詞]〉：〜に打ち込む
(B) encouraged：
　　be encouraged to do：〜するよう勧められる
(C) exposed：
　　〈be exposed to ＋名詞[動名詞]〉：(危険など)にさらされる
(D) committed：
　　〈be committed to ＋名詞[動名詞]〉：(真剣に)〜に取り組む

正解 (B)

5 動名詞のキホン

doingという形は, 実に悩ましいですよね。**a man jogging over there** のdoingと, **I like jogging.** のdoingは, どんな違いがあるのでしょう？難しくはないので, 安心してくださいね。体系的に理解してから各問題を解くと, より知識が定着しますよ！

ポイント① doingは2種類！

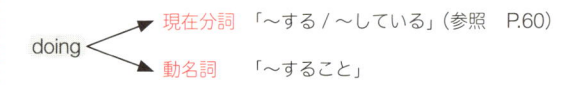

doing
- 現在分詞　「〜する / 〜している」（参照　P.60）
- 動名詞　　「〜すること」

ポイント② 動名詞「〜すること」は, 名詞の仲間！

　動詞「〜する」+名詞「こと」＝動名詞「〜すること」というわけですが, 細かいことは気にせず, まずは「動名詞＝名詞の仲間」と理解しましょう。

例　quit + 目的語
　　〜を辞める
- a job 〈名詞〉
  仕事
- smoking 〈動名詞〉
  タバコを吸うこと, 喫煙

　動名詞「〜すること」は名詞の仲間ですから, 名詞jobのように, 動詞の直後に置くことができるわけですね。

ポイント③ 名詞の代わりに動名詞「〜すること」を置いてみる！

ポイント②で確認しましたが，動名詞「〜すること」は名詞の仲間ですから，動詞の直後に置けるだけでなく，主語になったり，前置詞の直後に置いたりすることができますよ。

例
1. Smoking is bad for your health.〈主語〉
2. My favorite leisure activity is playing tennis.〈補語〉
3. I like jogging.〈他動詞の目的語〉
4. I'm proud of being a doctor.〈前置詞の目的語〉
   医者であること

ポイント④ 動名詞の主語，目的語を見極める！

ポイント②③で確認した通り，動名詞「〜すること」は名詞の仲間ですが，「完全に」名詞と同じというわけではありません。
その名が表すように，「動詞」的な要素もあります。例えば，動詞と同じように主語や目的語を伴うことができます。動名詞の主語は(代)名詞の所有格か目的格で表しますよ。

〜を楽しみにしている	彼女が	訪れること	私を
I'm looking forward to (to = 前置詞)	her	visiting	me.
	動名詞の主語	動名詞	動名詞の目的語

ポイント⑤ 〈前置詞 to + doing（動名詞）〉を含む頻出表現！

・look forward to doing：〜することを楽しみに待つ
・be accustomed [used] to doing：〜することに慣れている
・be dedicated [devoted, committed] to doing：
　　　　　　　　　　　　〜することに打ち込んでいる
・be close to doing：もう少しで〜する

No.17
MIR Technologies has succeeded in ------- brain waves into digital signals in a more accurate way by uniquely developed brain-computer technologies.

(A) process
(B) processing
(C) processed
(D) to process

構文分析

MIR Technologies has succeeded
　　　(主)　　　　　　　(動)

in ------- brain waves into digital signals
　　　　　　脳波　　　　　　　デジタル信号

(in a more accurate way)

(by uniquely developed brain-computer technologies).
　　独自に開発された　　　　　脳波解析技術

覚えよう！ 頻出単語 & 表現

□ 〈succeed in ＋名詞[動名詞]〉：～[すること]に成功する
□ accurate 形 (情報などが)正確な，(機器などが)精密な
□ in a ～ way [manner, fashion]：～な仕方で
□ uniquely 副 独自に，特有の方法で
□ develop 動 (製品など)を開発する，
　　　　　　　(能力・事業など)を高める，発展させる

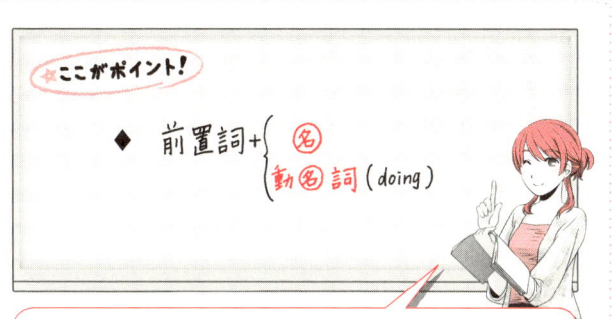

> **ここがポイント！**
>
> ◆ 前置詞 + { 名(詞) / 動名詞 (doing) }

選択肢は動詞 process「(情報など)を処理する」の変化形ですね。前置詞(in)の直後には名詞か名詞と同じ役割をする語しか置けません。動詞は動名詞に変えればいいので，(B) processing「処理すること」が正解です。succeed in ～は「～に成功する」という意味です。

> 【動名詞】+【動名詞の目的語】
> ～ has succeeded in processing brain waves
> 　　　　　　　　　「脳波を処理することに成功した」

(A) process には名詞の用法もあります。名詞として用いる場合は succeed in the process of brain waves というように，前置詞 of が必要です。

訳

MIR Technologies 社は独自に開発した脳波解析技術によって，より正確な仕方で脳波を処理してデジタル信号に変えることに成功した。

(A) process 動 process A into B：A を(加工)処理して B にする
　　　　　　名 process (of ～)：～の処理，過程，プロセス
(B) processing：現在分詞・動名詞
(C) processed：過去形・過去分詞
(D) to process：to 不定詞

正解 (B)

No.18
Mr. Scotto has been ------- to setting up charity events aimed at promoting entrepreneurship among young people.

(A) advised
(B) allowed
(C) dedicated
(D) requested

構文分析

Mr. Scotto has been ------- to setting up
　主　　　　　　　動

charity events (aimed at promoting entrepreneurship

among young people).
〜の間に

覚えよう！ 頻出単語 & 表現

□ set up 〜 動（会社など）を設立する、
　　　　　　（会など）を準備する
□ (be) aimed at doing：〜することを目的としている
□ promote 動 〜を促進する、（人）を昇進させる、
　　　　　　（製品など）を販売促進する
□ entrepreneurship 名 起業家精神
　▶ entrepreneur 名 起業家

ここがポイント！

- **to の後ろは2パターン！**
- **受動態 +**
  - **to do**(to 不定詞)
  - **to doing**(前置詞 to + 動名詞)

　選択肢は，さまざまな動詞の過去分詞ですね。意味で考えると，どの選択肢も正解に思えてしまうので，「形」で判断しましょう。着目すべき箇所は to の直後の動詞の形です。

　選択肢 (A)(B)(D) は「これからすること／まだ実現していないこと」を表す to do (to 不定詞) と相性が良い動詞でしたね。(参照 P.41 ポイント③)。

　結果, to doing の形をとるのは (C) dedicated です。be dedicated to doing の形で「〜することに熱心である」という意味を表しますよ。be committed [devoted] to doing も似た意味の重要表現なので，覚えておきましょう。

訳

　Scotto 氏は若者たちの間に起業家精神を育むことを目的としたチャリティーイベントの準備に打ち込んでいる。

(A) advised：be advised to do：〜するよう強く勧められる
(B) allowed：be allowed to do：〜することを許可される
(C) dedicated：be dedicated to doing：〜することに熱心である
(D) requested：be requested to do：〜するよう求められる

正解 (C)

No.19
Since Mr. Louis has had over 10 years of experience as a customer service representative, he has been accustomed to ------- complaints from customers in a patient and courteous manner.

(A) making
(B) handling
(C) avoiding
(D) concealing

構文分析

(Since Mr. Louis has had over 10 years of
　　接 〜なので

experience as a customer service representative),
　経験　　　前 〜として

he has been accustomed to ------- complaints
主　　　動 〜に慣れている

(from customers) (in a patient and courteous manner).

頻出単語 & 表現

□ customer service representative
　名 お客様相談窓口，顧客サービス担当者
□ customer 名 顧客
□ complaint 名 苦情，クレーム　＊claim 名 主張
□ patient 形 忍耐強い
□ courteous 形 礼儀正しい，丁寧な
□ in a 〜 manner [way, fashion]：〜な仕方で

> ★ここがポイント！
> ◆ 動名詞を用いた慣用表現
> ◆ be accustomed [used] to doing ←前置詞
> ◆ 「〜することに慣れている」

　空所の前にある be accustomed to は，後ろに doing（動名詞）を伴い，「〜することに慣れている」という意味を表します。選択肢はすべて doing（動名詞）であること，どの動詞も complaints「クレーム」を目的語にとれることから，文全体から判断する必要がありますね。
　文の前半から，Louis 氏は a customer service representative「お客様相談窓口の担当者」として「10年以上の経験がある」ということがわかります。したがって，彼は complaints from customers「客からのクレーム」を in a patient and courteous manner「忍耐強く，ていねいな仕方で」handling「処理すること」に「慣れている」とすれば，文意が通じますね。

訳

　Louis 氏はお客様相談窓口の担当者として10年以上の経験があるので，客からのクレームを忍耐強く，ていねいな仕方で処理することに慣れている。

(A) making : make a complaint : クレームをつける
(B) handling : handle a complaint : クレームを処理する
(C) avoiding : avoid a complaint : クレームを回避する
(D) concealing : conceal a complaint : クレームを隠す

正解　(B)

No.20
Mr. Moore is considering ------- to a place with a mild climate, attractive real estate prices, and lower tax burdens after retirement.

(A) relocate
(B) to relocate
(C) be relocated
(D) relocating

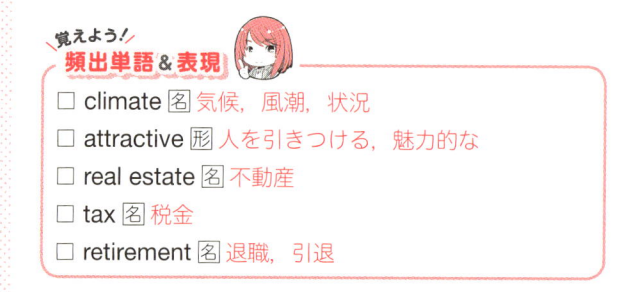

構文分析

後ろからplaceを修飾

Mr. Moore is considering ------- to a place (with a mild climate, attractive real estate prices, and lower
穏やかな気候

tax burdens) (after retirement).
税負担

覚えよう！ 頻出単語&表現

- [ ] climate 名 気候，風潮，状況
- [ ] attractive 形 人を引きつける，魅力的な
- [ ] real estate 名 不動産
- [ ] tax 名 税金
- [ ] retirement 名 退職，引退

ここがポイント！

◆ 〈動詞 + doing〉「～することを…する」
- [中断] stop [quit]「～をやめる」
- [頭の中での想像] suggest「～を提案する」
- [回避・延期] avoid「～を避ける」, postpone「～を延期する」

選択肢は動詞 relocate「引っ越す，移転する」の変化形ですね。空所の前にある動詞 consider は，後ろに doing（動名詞）を伴い，**consider doing** の形で「～することを検討する」という意味になります。したがって，**(D) relocating** が正解になります。

〈**relocate to ＋場所**〉「～に引っ越す，移転する」という形だけでなく，〈**relocate A to ＋場所**〉「A（の場所）を～に移す」という形も要チェックですよ！

訳

Moore 氏は退職後に，気候が穏やかで，不動産価格が魅力的かつ税負担が軽い場所へ移住することを検討している。

(A) relocate 動 引っ越す，移転する：原形
(B) to relocate：to 不定詞
(C) be relocated：受動態
(D) relocating：現在分詞・動名詞

正解 (D)

6 分詞のキホン（前編）

前の単元で学習しましたが、「名詞」の働きをする doing は「動名詞（〜すること）」と呼ばれるものでしたね。この単元では、「形容詞」の働きをする doing「現在分詞」と -ed「過去分詞」についての理解を深めていきましょう。

ポイント① 分詞は2種類！

分詞
- doing「現在分詞」…「〜する / している」（能動）
- -ed「過去分詞」……「〜される / された」（受動）

ポイント② 分詞には形容詞の働きがある！

形容詞 が用いられる位置に分詞を置いて、分詞に形容詞の働きがあることを確認してみましょう。

例 1. 補語になる

The idea sounds good .「その考えは よさ そうだね」
↓
The idea sounds exciting.「その考えはおもしろそうだね」

2. 名詞を修飾する⇒〈分詞＋名詞〉

a white car「白い 車」
↓
a broken glass「割られたグラス→割れたグラス」

3. 名詞を修飾する⇒〈名詞＋分詞＋α〉

a man full of energy「元気 いっぱいの 男性」
↓
a man sleeping on the sofa「ソファーで寝ている男性」

ポイント③ 分詞1語は前から，〈分詞＋α〉は後ろから名詞を修飾！

ポイント② の **例** 2と3の違いを確認しましょう。分詞1語は前から，〈分詞＋α〉という2語以上のかたまりは後ろから名詞を修飾しますよ。

- 現在分詞 ＋名詞
- 名詞＋ 現在分詞＋α

 「〜している名詞」

- 過去分詞 ＋名詞
- 名詞＋ 過去分詞＋α

 「〜された名詞」

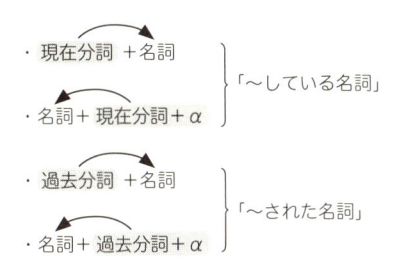

ポイント④ 修飾される名詞と分詞との関係を考える！

修飾される名詞と分詞が能動関係なら現在分詞，受動関係なら過去分詞を使います。

例 Look at the man operating the machine over there.
 「むこうで機械を操作している人を見てごらん」
 → the man と operate「(機械を)操作する」は能動の関係

This is a new product developed by Mr. Carlos.
 「これは Carlos 氏によって開発された新製品である」
 → a new product と develop「〜を開発する」は受動の関係

頻出 名詞＋〈過去分詞＋by ...〉「…によって〜された名詞」
過去分詞の箇所が空所になって問われます！

No.21

The article, which featured software development services ------- advantage of cloud computing technologies, was published in the latest issue of Tech Business Magazine.

(A) take
(B) takes
(C) taking
(D) taken

構文分析

The article ,
　（主）

which featured software development services
（主）　（動）　　　　　　（目）

(------- advantage of cloud computing technologies),

was published (in the latest issue of Tech Business Magazine).
（動）

覚えよう！ 頻出単語＆表現

□ article 名 記事，品物，商品
□ feature 動（雑誌などで）〜を特集する，
　　　　　　（広告などで）〜を大きく扱う
□ development 名 開発，発展
□ publish 動 〜を出版する，（記事など）を掲載する
□ 〈the latest ＋名詞〉：最新の〜
□ issue 名（雑誌・新聞などの）号，版，問題，論点

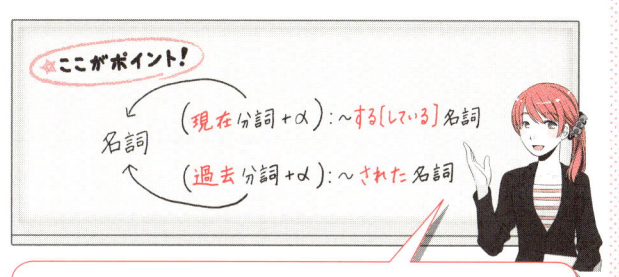

> **ここがポイント！**
>
> 名詞 ←（現在分詞+α）：～する[している]名詞
> 名詞 ←（過去分詞+α）：～された名詞

本問は The article「記事」が主語, was published「掲載された」が動詞ですよ。また, カンマではさまれた箇所の構造は次のようになります。which は the article を指しています。

> which featured software development services
> （主） （動）   （目）
> (------- advantage of cloud computing technologies)

空所までに主語, 動詞, 目的語がそろっていて文として完結しています。したがって, (A)take と (B)takes は正解の候補から外れますね。

残った選択肢は現在分詞の (C) と過去分詞の (D) なので, 直前の名詞(software development services)を修飾する形になります。take advantage of ～は「(機会・利点など)を活用する」という意味ですから, cloud computing technologies を「活用している」software development services「ソフトウェア開発サービス」と考え, 能動関係を表す現在分詞 (C)taking を選択します。

訳

クラウドコンピューティング技術を活用したソフトウェア開発サービスについて特集した記事が Tech Business Magazine の最新版に掲載された。

(A) take：原形
(B) takes：3人称単数現在形
(C) taking：現在分詞・動名詞
(D) taken：過去形・過去分詞

正解 (C)

No.22
According to a monthly economic report ------- by the government, the employment situation is improving, with the unemployment rate falling to 3.5％ in August, its lowest level in the last decade.

(A) release
(B) released
(C) releasing
(D) will release

構文分析

(According to a monthly economic report) (------- by the government),
　　　　　　　月例経済報告書　　　　　　　　　reportを後ろから修飾

the employment situation is improving ,
　　　　　（主）　　　　　　　　（動）

with the unemployment rate falling to 3.5％
〈with＋A＋doing〉　　失業率
「Aが〜している」

in August, its lowest level in the last decade.

覚えよう！ 頻出単語＆表現

- □ according to 〜：(調査・人)によると
- □ monthly report 图 月例報告書
- □ economic 形 経済の
  - ▶ economical 形 経済的な，コストがかからない
- □ employment 图 雇用 ⇔ unemployment 图 失業
- □ improve 動 改善する，上達[向上]する
- □ rate 图 割合，料金
- □ decade 图 10年(間)

🖉 ここがポイント！

◆ 名詞 + (空所 + by ...)「...によって〜された名詞」
　　　　　　　↳ 過去分詞

　選択肢は動詞 release「(ニュース・情報など)を発表する，(製品など)を発売する」の変化形です。問題文は名詞＋空所＋by ... という形ですから，「政府によって発表された報告書」という意味になります。空所には受動的な意味を持つ過去分詞の (B) released が入りますよ。

　(A) release と (D) will release は，後ろに目的語となる名詞を伴い，述語動詞の位置に置かれる形ですね。また，(C) releasing も後ろに目的語を伴います。現在分詞なので「〜している名詞」という能動的な意味を持ち，直前の名詞を修飾します。

訳

　政府が発表した月例経済報告書によれば，8月の失業率はこの10年で最も低い水準である3.5％にまで低下し，雇用情勢は上向きつつある。

(A) release 動 (ニュース・情報など)を発表する，
　　　　　　　(製品など)を発売する：原形
(B) released：過去形・過去分詞
(C) releasing：現在分詞・動名詞
(D) will release：〈助動詞＋動詞の原形〉→未来を表す

正解 (B)

入門編 6 分詞のキホン(前編)

No.23
The new luxury version of the EC201 ------- by GS Automobile this summer will appear at the International Auto Expo 2014 held in London.

(A) launched
(B) repaired
(C) parked
(D) rented

構文分析

The new luxury version (of the EC201) (------- by GS Automobile this summer) will appear (at the International Auto Expo 2014) (held in London).

- versionを後ろから修飾
- 主
- 動
- 〜で行われる

覚えよう！ 頻出単語 & 表現

- □ luxury 名 豪華さ，(形容詞的に)豪華な
  - ▶ luxurious 形 豪華な
- □ automobile 名 自動車　類 car, auto
- □ appear 動 登場する，(製品が)(市場に)並ぶ
- □ hold 動 (会議・パーティーなど)を開く
  - ＊hold - held - held

ここがポイント！

◆ 名詞 ＋ (過去分詞 ＋ by ...)
　　　　　　受動の関係　「...によって〜された名詞」

選択肢はさまざまな動詞の過去分詞ですね。問題文は名詞＋空所(過去分詞)＋by ...「...によって〜された名詞」という形になります。

本問は，The new luxury version (------- by GS Automobile) will appear (at the International Auto Expo 2014)「GS Automobile社によって〜された新しい高級版がInternational Auto Expo 2014に登場する」という文脈です。動詞launch「(新製品など)を発売する」の過去分詞である(A) launched「発売された」が適切ですね。

特に語彙の知識が求められる問題では，空所の前後を見るだけでは解くことができません。視点を大きく広げ，〈主語＋動詞＋α〉という全体的な構造を捉えるようにしましょう。

訳

この夏，GS Automobile社によって新しく発売されたEC201の高級版がロンドンで開催されるInternational Auto Expo 2014に登場する。

(A) launched：launch 動 (新製品など)を発売する，〜を開始する
(B) repaired：repair 動 (物)を修理[修繕]する
(C) parked：park 動 (車)を駐車する
(D) rented：rent 動 (有料で)〜を借りる，〜を貸す

正解 (A)

No.24

RCW is an international non-governmental organization ------- of over 400 scientists around the world, dedicated to the research and conservation of endangered wildlife and their habitats.

(A) composing
(B) forming
(C) accounting
(D) consisting

構文分析

RCW is an international non-governmental organization (------- of over 400 scientists around the world), dedicated to the research and conservation (of endangered wildlife and their habitats).

非政府組織　　　　　　　　　〜以上　　　　　　　　　　　　　　　　　　　　　　　　　生息地

頻出単語 & 表現

- governmental 形 政府の
- organization 名 組織，団体
- 〈be dedicated to ＋名詞[動名詞]〉：〜に打ち込んでいる
- conservation 名（自然・文化財などの）保護，保存，（エネルギーなどの）節約
- endangered 形 絶滅寸前の，絶滅の危機にある
- wildlife 名 野生生物

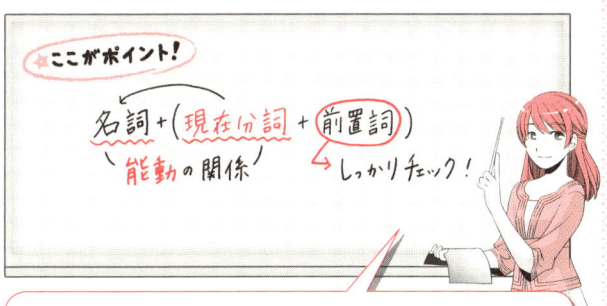

> **ここがポイント！**
>
> 名詞＋（現在分詞＋前置詞）
>   能動の関係   →しっかりチェック！

選択肢はさまざまな動詞の現在分詞ですね。空所の後ろにある of がポイントですよ！選択肢の中で of を伴って意味をなすのは，**(D) consisting** です。

consist of ～は「(物・組織などが)(部分・材料・人)からなる」という意味を表します。本問では，consisting of over 400 scientists「400名以上の科学者からなる」という現在分詞のかたまりが，後ろから organization「組織」を修飾しています。

(A) は過去分詞を用いて，organization composed of ～ の形で「～から構成された組織」，同様に **(B)** も organization formed by ～ の形で「～によって結成された組織」とすれば意味をなします。

訳

RCWは400名以上の世界中の科学者からなる国際的な非政府組織で，絶滅の危機に瀕している野生生物とその生息地を研究し，保護することに尽力している。

(A) composing：compose 動 (物・組織など)を構成する
 ＊be composed of ～：(物・組織などが)～から構成されている
(B) forming：form 動 (組織など)を結成する
(C) accounting：account for ～：(ある割合)を占める
(D) consisting：consist of ～：(物・組織などが)(部分・材料・人)からなる

正解 (D)

7　分詞のキホン（後編）

前回は,「形容詞」の働きをするdoing「現在分詞」と-ed「過去分詞」について確認しましたね。今回は,形容詞の働きをする分詞についてさらに知識を深めた後, 分詞構文（「副詞」の働きをする分詞）について学習しましょう。

ポイント① 頻出： 感情を表す動詞 の分詞

「(人)にある感情を与える側」に用いる → -ing（現在分詞）
「ある感情を与えられる側」に用いる　　 → -ed（過去分詞）

問題　・The movie was (boring / bored).
　　　・I saw a (boring / bored) movie.
　　　　＊bore「(人)に退屈した気持ちを与える」

解説　movie「映画」は「観客に退屈した気持ちを与える」ものなので,両方とも能動の意味を表す現在分詞boringが正解。

では, He was bored by the movie. について考えてみましょう。
Heは「退屈した気持ちを与えられる側」ですから, 受動態で表します。
　boreのように「人にある感情を与える動詞」のことを感情を表す動詞と呼びます。「〜させる」と覚えている方も多いと思いますが,「(人)に〇〇な感情を与える」と考えるとわかりやすいですよ。

- excite「(人)に興奮を与える」
- please「(人)に喜びを与える」
- embarrass「(人)に恥ずかしさを与える」
- disappoint「(人)にがっかりした気持ちを与える」　など

ポイント ② 〈with＋名詞＋分詞〉「名詞が〜の状態で」

〈with＋名詞＋形容詞〉「名詞が〜の状態で」の 形容詞 を分詞に置き換えた形です。doing「現在分詞」を使うか，-ed「過去分詞」を使うかは，前の名詞との関係で決まりますよ。

例 with his eyes closed「目を閉じた状態で」
his eyes「彼の目」は「閉じられる」ので過去分詞を使います。

ポイント ③ 分詞構文 ＝ 動詞の形を変えて２つの文をつなぐ！

分詞は形容詞の働きをしますが，分詞構文は副詞の働きをしますよ。まずは，分詞構文の作り方を確認しましょう。

Step 1. 接続詞を省略する
Step 2. 主語を省略する（主節と同じ場合）
Step 3. 動詞をdoingに変える

~~As~~ ~~we~~ arrived before the appointed time, we waited at the café.
　　↓　　　　　　　　　　　　＊weとarriveは「能動」の関係
(Arriving) before the appointed time, we waited at the café.
「私たちは指定された時間より前に到着したので，カフェで待った」

分詞構文を訳すときは文脈から接続詞の意味を補って訳しますよ！

ポイント ④ 受動態の分詞構文はBeingを省略する！

続いて次の文を分詞構文に書き換えてみましょう。
~~As~~ ~~he~~ was shocked at the news, he remained silent.
　　↓　　　　　　　　　　　　＊heとshockは「受動」の関係
(Shocked) at the news, he remained silent.
「彼はその知らせにショックを受けたので，だまったままだった」

上の例文は，Being shockedとなるはずですが，分詞構文ではBeingは省略します。とても重要なので覚えておいてくださいね！

No.25
Going to the gym for some exercise before your job interview can help you reduce nervous tension and look ------- during the interview.

(A) relaxing
(B) to relax
(C) relaxed
(D) relaxation

構文分析

Going to the gym (for some exercise)
　　主
(before your job interview)

can help you | reduce nervous tension　(神経の)緊張
　動　　　目　| and
　　　　　　 | look ------- during the interview.

覚えよう！ 頻出単語&表現

- job interview 名 就職の面接
- 〈help+人+(to)+動詞の原形〉: 人が〜するのを手伝う
- reduce 動 (数量・価格など)を減らす
- during 前 (特定の期間・出来事・行為)の間ずっと

ここがポイント！

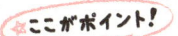

◆ relax
- relax**ing** … **現在**分詞：*感情を与える側*
- relax**ed** … **過去**分詞：*感情を与えられる側*

選択肢は動詞 relax「(人)をリラックスさせる，(人)にくつろぎや落ち着きを与える」の変化形です。relax は感情を表す動詞です。ですから，現在分詞や過去分詞が選択肢に並んでいる場合は，そのどちらかが正解になる可能性が高いですよ。

you (reduce nervous tension and) look ------- とありますが，you は「リラックスした気持ちを与えられる側」なので，受動の意味を持つ過去分詞 (C) relaxed が正解です。

また，〈look [appear, seem] ＋形容詞[分詞]〉は「〜に見える，思える」という重要な表現なので，必ずおさえておきましょう！

訳

就職の面接の前にジムに行って運動すれば，緊張が和らぎ，面接時に落ち着いて見えるでしょう。

(A) relaxing 動 (人)をリラックスさせる，(人)にくつろぎや落ち着きを与える：現在分詞・動名詞
(B) to relax：to 不定詞
(C) relaxed：過去形・過去分詞
(D) relaxation 名 (心身の)休息

正解 (C)

No.26

------- on the outskirts of Barcelona, Acosta Adventure Club offers a wide range of outdoor activities for children and adults under the supervision of qualified sports instructors.

(A) Locate
(B) To locate
(C) Locating
(D) Located

構文分析

[------- on the outskirts of Barcelona],
　　　　分詞構文

Acosta Adventure Club　offers　a wide range of
　　　　(主)　　　　　　　(動)　　　　(目)

outdoor activities (for children and adults)
野外活動

(under the supervision of qualified sports instructors).

覚えよう！ 頻出単語 & 表現

- □ on the outskirts of 〜：〜の郊外に
- □ offer 動 (サービスなど)を提供する，(援助など)を申し出る
- □ a wide range of 〜：幅広い〜，広範囲にわたる〜
- □ supervision 名 管理，監督(すること)
  * under the supervision of 〜：〜の管理[監督]の下で
- □ qualified 形 資格を持った，(経験や技術があり)適任の
- □ instructor 名 講師，インストラクター

ここがポイント！

◆ 分詞 +α , 主語 + 動詞 〜.
※ 文頭の分詞は、後ろにある主語との関係を考える！
- 主語は「〜する[している]」→ 現在分詞（能動）
- 〃   「〜される[された]」→ 過去分詞（受動）

選択肢は動詞 locate「〜を（ある場所に）置く」の変化形です。空所の後ろに目的語となる名詞がないので、目的語を必要とする(A)(B)(C)は不適切ですね（参照 P.21 ポイント③）。

結果的に(D) Located が正解ということになりますが、これは動詞の形を変えて2つの文をつなぐ分詞構文です。主語は Acosta Adventure Club なので「(Barcelona 郊外に)置かれている」という受動の意味を表す過去分詞を使うのですね。過去分詞の前に Being が省略されていますよ（参照 P.71 ポイント④）。

また、locate は〈建物 + be located + 場所〉で「建物は(場所)にある、位置している」の形でよく使われますよ！

訳

Acosta Adventure Club は Barcelona 郊外にあり、スポーツインストラクターの有資格者が監督する下で、子どもと大人向けに幅広い野外活動を提供している。

(A) Locate 動 〜を（ある場所に）置く：原形
(B) To locate：to 不定詞
(C) Locating：現在分詞・動名詞
(D) Located：過去形・過去分詞

正解 (D)

No.27

------- an award for outstanding achievements in the field of journalism, Lisa Garcia has gained international attention.

(A) Receive
(B) To be received
(C) Receiving
(D) Received

構文分析

------- an award (for outstanding achievements)
　　　　　　　　　　　分詞構文

(in the field of journalism), Lisa Garcia has gained
　　　　　ジャーナリズム　　　　　　　主　　　　　動

international attention.
　　　　　　　目

頻出単語&表現

- award 名 賞
- outstanding 形 際立った，(借金などが)未払いの
- achievement 名 業績，達成
- field 名 分野
- gain 動 ～を獲得する，(利益)を得る
- attention 名 注目，注意

ここがポイント！

◆ 分詞 + α, 主語 + 動詞 ～．
迷ったら，〈接 + 主 + 動〉に戻して考える！

　選択肢は動詞 receive「(物)を受け取る」の変化形です。修飾語句を取り除いて文の基本構造を表すと，------- an award, Lisa Garcia has gained international attention. となります。意味を考えてみましょう。「賞をとって以来，Lisa Garciaは国際的な注目を集めている」と接続詞を補えばつながりますね。

　接続詞を使って書き換えるとSince she received an award, Lisa Garcia has gained ～となります。したがって，主語Lisa Garciaと能動の関係を表す(C)Receivingが正解となります。

　分詞構文の問題では，主語と動詞が「能動」と「受動」のどちらの関係かを見極めることが大事ですよ。

訳

Lisa Garciaは報道の分野で際立った業績を収めたことで賞をもらって以来，国際的な注目を集めている。

(A) Receive 動 (物)を受け取る，(教育・待遇など)を受ける：原形
(B) To be received：to不定詞(受動態)
(C) Receiving：現在分詞・動名詞
(D) Received：過去形・過去分詞

正解 (C)

No.28
Business Express Y&M is the world's leading supplier of office equipment such as photocopiers and office furniture such as filing cabinets, with annual sales ------- $10 billion in fiscal year 2012.

(A) exceed
(B) exceeded
(C) exceeding
(D) will exceed

構文分析

Business Express Y&M is the world's leading supplier
(of office equipment such as photocopiers
 and
 office furniture such as filing cabinets),
      オフィス家具   書類整理棚
with annual sales ------- $10 billion in fiscal year 2012.
with A B 「AがBの状態で」

覚えよう！ 頻出単語&表現

- □ leading 形 一流の，主要な
- □ supplier 名 供給業者，納入業者
- □ office equipment 名 オフィス機器，事務用品
- □ photocopier 名 コピー機 類 copy machine
- □ annual sales 名 年間売上高
- □ fiscal year 名 会計年度

ここがポイント!

◆ with + A + 分詞
- Aは〜している（能動）→現在分詞
- Aは〜される（受動）→過去分詞

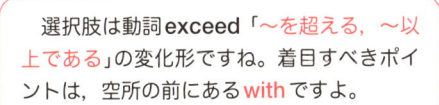

選択肢は動詞exceed「〜を超える、〜以上である」の変化形ですね。着目すべきポイントは、空所の前にある with ですよ。

〈with＋名詞＋分詞〉で「…が〜の状態で」という意味を表しましたね（参照 P.71 ポイント②）。前の名詞との関係で分詞の形が決まります。本問では、annual sales「年間売上高」が $10 billion「100億ドル」を「超えている」と「能動」の関係になるので、現在分詞である (C) exceeding が正解です。

「AがBの状態で」という意味を表す with A B は、Bの位置に動詞の原形やto不定詞は置けないので、注意しましょう！

訳

Business Express Y&M社はコピー機などのオフィス機器や書類整理棚などのオフィス家具を供給している世界一流の業者であり、2012年度の年間売上高は100億ドルを超えている。

(A) exceed 動 〜を超える、〜以上である：原形
(B) exceeded：過去形・過去分詞
(C) exceeding：現在分詞・動名詞
(D) will exceed：〈助動詞＋動詞の原形〉→未来を表す

正解 (C)

パワーアップ講義〜文法の補足〜①

本書で取り上げている文法15項目以外で，特に覚えておきたい語彙や文法についてまとめました。

☑ 〈It is ＋ 形容詞 ＋ that ＋ 主語 ＋ (should) ＋ 動詞の原形〉の形をとる形容詞

→ 入門編 **No.7**参照

→ TOEICで覚えておくべき形容詞
- essential …「極めて重要な」
- necessary …「必要な」
- desirable, advisable …「望ましい」

例 It is necessary that you (should) consult your dentist as soon as possible.「できるだけ早く歯医者に診てもらったほうがいい」

覚え方
話し手の主観的な判断や感情を表す形容詞がこの形をとる。

☑ 〈動詞 ＋ (that) ＋ 主語 ＋ (should) ＋ 動詞の原形〉の形をとる動詞

→ TOEICで覚えておくべき動詞
- demand …「要求する」
- suggest / propose / recommend …「提案[推薦]する」
- order …「命令する」

例 I recommended (that) he (should) get regular medical check-ups.
「私は彼に定期的に健康診断を受けるように勧めた」

注意
TOEICでは，shouldがない形で出題されます！

☑ 間違えやすい動詞の語法
〈動詞＋A(人)＋that＋主語＋動詞〉の形をとる動詞

→ TOEICで覚えておくべき動詞

- tell / inform / notify …「伝える」
- convince …「納得させる」
- assure …「保証する」
- remind …「思い出させる」

注意
| say「言う」
| explain「説明する」 ＋ ~~A＋that＋主語＋動詞~~
| announce「発表する」 ＋ (to A)＋that＋主語＋動詞

＊上の動詞とは違って，〈前置詞to＋伝える相手〉という形をとります。

☑ 自動詞と間違えやすい他動詞
〈動詞＋目的語〉の形をとるもの
注意 動詞の後ろに前置詞は不要！

→ TOEICで覚えておくべき動詞

・attend the seminar「セミナーに参加する，出席する」
　　　　　　　　　　　　　(題 take part in ～ / participate in ～)
・deserve the award「賞を受けるに値する」
　　　　　　　　　　　　　(題 be worthy of ～)
・reach a goal「目標に到達する」
　　　　　　　　　　　　　(題 arrive at [in] ～ / get to ～)
・contact him「彼と連絡を取る」(題 get in touch with ～)
・follow the rule「規則に従う」(題 adhere to ～)
・inhabit the area「その地域に住む」(題 live in ～)
・discuss the problem「その問題について話し合う」
　　　　　　　　　　　　　(題 talk about ～)
・consider the plan「その計画について考える」
　　　　　　　　　　　　　(題 think about ～)

8　名詞のキホン

名詞とは，architect「建築家」，cafeteria「社員食堂」，profit「利益」，possibility「可能性」のように，「人・物・事につけられた名前を表す語」のことですね。名詞は，文中で主語・目的語・補語の働きをし，文を作る際になくてはならない重要な存在ですよ。

ポイント ①　名詞は主語，目的語，補語になる！

まず，文中での 名詞 の働きを確認してみましょう。

・That man is her boss ．「あの人 は彼女の 上司 だ」
　　　　主　　　　　補
・He runs a bookstore in front of the station ．
　　　　　　目　　　　　　　　　　【前置詞の目的語】
「彼は 駅 前で 書店 を経営している」

→ 名詞がなければ文は成立しないことがわかりますね！

ポイント ②　頻出パターン：〈a [the, one's]＋形容詞＋名詞〉

構文を分析しながら解くクセをつけて，パターンを見抜けるようにしていきましょう。a [the, one's]がつかない場合もありますよ。

例　The company will open a new branch in Japan.
　　　　　主　　　　　動　　　　目　＝〈a＋形容詞＋名詞〉
「その会社は日本に新たに支社を開設する予定だ」

ポイント ③ 名詞を覚えるコツ…5つのヒント！

1. <u>形容詞とセットで覚える！</u>
   例 temporary employee [staff , worker] 「臨時従業員」
   　　permanent employee [staff , worker] 「常勤の従業員, 正社員」

2. <u>動詞とセットで覚える！</u>
   例 conduct a survey 「調査を行う」
   　　attend the seminar 「セミナーに参加する」

3. <u>同じ語尾のものをまとめて覚える！</u>

-ment	assessment「評価」(←assess「～を評価する」) adjustment「調整」(←adjust「～を調整する」)
-ness	drowsiness「眠気」(←drowsy「眠い」) awareness「意識」(←aware「気づいて」)
-ty	ability「能力」, hospitality「もてなし」 property「不動産, 財産」
-ion	submission「提出(物)」(←submit「～を提出する」) evaluation「評価」(←evaluate「～を評価する」)
-ency	frequency「頻度」(←frequent「頻繁な」) consistency「一貫性」(←consistent「一貫した」)
-ence -ance	conference「会議」(←confer「協議する」) assurance「保証」(←assure「～に保証する」)

4. <u>ビジネスの文脈で覚える！</u>
   例 日常の文脈：lose one's balance「バランスを崩す」
   　　ビジネスの文脈：bank balance「銀行残高」
   　　　　　　　　　图 残金, 差額

5. <u>複合名詞(「名詞＋名詞」)の形で覚える！</u>
   例 production facility「生産施設」/ cost reduction「経費削減」
   　　construction contract「建設契約」/ sales promotion「販売促進」

No.29
The movie has been number one at the box office for three weeks in a row partly because Michael Foster, known as a bitter -------, gave a positive review to it.

(A) critical
(B) criticize
(C) critic
(D) critically

構文分析

The movie has been number one (at the box office)
(主)　　(動)　　　　　　　　　　　　　　興行成績

(for three weeks in a row)

(partly because Michael Foster, (known as a bitter -------),
ひとつには〜の理由で　(主)　　　　　　　　　　　厳しい

gave a positive review to it.
(動)　(目)

覚えよう！ 頻出単語&表現

□ in a row：続けて，一列に(なって)
　＊「3週連続で」
　・for three weeks **in a row**
　・for three **consecutive** weeks
　・for three **successive** weeks
□ (be) known as 〜：〜として知られている
□ positive 形 積極的な，好ましい，好意的な
□ review 名 批評，再検討 動 再検討する，批評する

ここがポイント！

- ◆ 基本！：〈前置詞 + 名詞（前置詞の目的語）〉
- ◆ 頻出パターン：〈a [the, one's] + 形容詞 + 名詞〉
- ◆ critic … -ic で終わっていても名詞！

選択肢にはさまざまな品詞が並んでいますね。着目すべき箇所は，カンマではさまれた known as a bitter ------- というかたまりです。

前置詞 as の後ろは，前置詞の目的語となる名詞が続きます。したがって，as a bitter ------- の箇所は〈前置詞＋a＋形容詞＋名詞〉の形となりますね。

選択肢の中で名詞は(C) critic「評論家，批評家」です。語尾が -ic で終わる単語には，形容詞と名詞があるので，注意しましょう。

-ic で終わる TOEIC 頻出の名詞には，mechanic「整備士」などがありますよ。

訳

厳しい批評家として知られる Michael Foster が好意的な批評をしたこともあり，その映画は3週連続で興行成績1位である。

(A) critical 形 批判的な，重大な
(B) criticize 動 (人・物・事)を批判する
(C) critic 名 評論家，批評家
(D) critically 副 批判的に，決定的に

正解 (C)

No.30
Star Sports Fitness, a world leader in exercise equipment for home use, has encouraged its employees to exercise moderately on a regular -------.

(A) time
(B) basis
(C) interval
(D) arrangement

構文分析

Star Sports Fitness, (a world leader in exercise equipment for home use),
運動器具

has encouraged its employees to exercise
動　　　　　　　　目　　　　　　　　運動する

(moderately) (on a regular -------).

頻出単語 & 表現

- □ equipment 名 器具, 装置, 装備
- □ 〈encourage + 人 + to do〉: 人に～するよう勧める
- □ employee 名 従業員, 社員
- □ moderately 副 適度に　▶ moderate 形 適度な
- □ regular 形 定期的な　▶ regularly 副 定期的に

> ★ここがポイント！
>
> ◆ 基本！：〈前置詞 + 名詞（前置詞の目的語）〉
> ◆ 頻出パターン：〈a [the, one's] + 形容詞 + 名詞〉
> ◆ 熟語：on a ~ basis「~単位[方式]で，~ベースで」

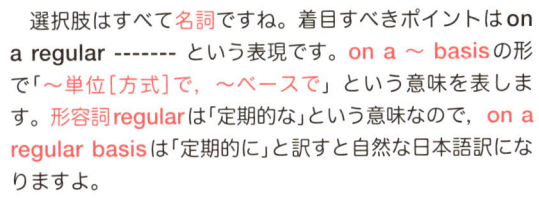

選択肢はすべて名詞ですね。着目すべきポイントは on a regular ------- という表現です。on a ~ basis の形で「~単位[方式]で，~ベースで」という意味を表します。形容詞 regular は「定期的な」という意味なので，on a regular basis は「定期的に」と訳すと自然な日本語訳になりますよ。

on a ~ basis は以下のような形容詞と共によく用いられる表現ですので，ぜひ覚えてくださいね。

・on a daily [weekly, monthly, yearly] basis
「毎日[週，月，年]」
・on a permanent basis「永続的に，常勤の」

訳

家庭用運動器具の分野で世界をリードしている企業である Star Sports Fitness 社は従業員に対し，定期的に適度な運動を行うよう勧めている。

(A) time 名 時間　＊at a regular time：決まった時間に
(B) basis 名 基礎，基準　＊on a regular basis：定期的に
(C) interval 名 間隔　＊at regular intervals：定期的に
(D) arrangement 名 手配，調節　＊regular arrangement：規則的な配列

正解 (B)

No.31
RRT Technologies is seeking system engineers with over 5 years of working experience and solid ------- in developing business application software.

(A) expertise
(B) expert
(C) experiment
(D) expiration

構文分析

RRT Technologies is seeking system engineers
　　(主)　　　　　　　(動)　　(目)システム・エンジニア

(with over 5 years of working experience and

solid ------- in developing business application software).
　　　　　　　　　　　　　業務アプリケーションソフト

覚えよう! 頻出単語 & 表現

- □ seek 動 ～を探す，探し求める
   ＊新聞・広告などで好んで用いられる。
   一般的には look for を用いる。
- □ engineer 名 技術者，技師
- □ working experience 名 就業経験
- □ develop 動 (能力・事業など)を高める，(製品など)を開発する

> ★ここがポイント!
>
> ◆ 頻出パターン：〈形容詞 + 名詞〉
> ◆ 着目すべき範囲は最小限に！

選択肢はすべて名詞ですね。空所の前のsolidって何？と思った方もいるでしょう。だからといって，文頭から読む必要はありませんよ。着目すべき範囲は最小限に留めましょう。

system engineers with over 5 years of working experience and solid ------- 「5年以上の就業経験とsolidな ------- があるsystem engineers」

withの基本的な意味は「～を所有している」なので，空所にはsystem engineersが所有しているものが入りますよ。正解は (A)expertise「専門知識」です。

expertise [ekspə:rtí:z]はexpertise in medicine「医学についての専門知識」というように，後ろに〈in＋分野を表す名詞[動名詞]〉が続くことをおさえておきましょう。

訳

RRT Technologies社は5年以上の就業経験と業務アプリケーションソフトの開発に関する確かな専門知識のあるシステム・エンジニアを募集している。

(A) expertise 名 専門知識
(B) expert 名 専門家
(C) experiment 名 実験
(D) expiration 名 期限切れ

正解 (A)

入門編 8 名詞のキホン

No.32
Mr. Fortin in the personnel department has been playing a central role in making up an effective ------- appraisal system.

(A) perform
(B) performed
(C) performing
(D) performance

構文分析

Mr. Fortin (in the personnel department)
　主

has been playing　a central role
　動　　　　　　　　中心的な　目

in making up an effective ------- appraisal system.
　作り出す　　　〈an＋形容詞＋名詞〉

覚えよう！ 頻出単語＆表現

□ the personnel department 名 人事部
　 = the human resources department
□ play a ～ role in ... ：…において～な役割を果たす
□ effective 形 効果的な
□ appraisal 名 査定, 評価　類 evaluation

> **ここがポイント！**
>
> ◆ 頻出！： 複合名詞 ＝ (名詞)＋名詞＋名詞

選択肢は動詞perform「(仕事・実験など)を行う」の派生語や変化形ですね。空所の前後から、ここは〈a[an]＋形容詞＋名詞〉のパターンであると見抜けましたか？

```
an  effective  -------  appraisal system
an＋形容詞＋              名詞
```

つまり、------- appraisal system「-------評価システム」でひとつの名詞(＝複合名詞)ということになります。

選択肢の中で、空所の位置に置いて意味を成すのは(D) performance です。

本問は、〈名詞＋名詞＋名詞〉という形の複合名詞を問うものです。この表現はofを用いて、**system of appraisal of performance**と表すこともできますが、複合名詞で表すほうがスッキリしていて、わかりやすいですね！

訳

人事部のFortin氏は効果的な業績評価システムを考案するのに中心的な役割を担っている。

(A) perform 動 (仕事・実験など)を行う：原形
(B) performed：過去形・過去分詞
(C) performing：現在分詞・動名詞
(D) performance 名 業績, 仕事[テスト]の出来栄え, 性能, 公演

正解 (D)

9 代名詞のキホン

TOEICのPart 5で出題される代名詞の問題は，人称代名詞(heなど)の「格」を問う問題が多いですよ。人称代名詞は，その働きに応じて he - his - him - his - himself と形を変えるという点をしっかりおさえておきましょう。

ポイント① 代名詞は5種類！

1. 人称代名詞 … 話し手，受け手，第三者・もの・ことを指す

   he (彼は) - his (彼の) - him (彼を) - his (彼のもの)
   -himself (彼自身) のように形が変化するもの

2. 指示代名詞 … 人や物をはっきりと指す

   話し手にとって時間的・空間的・心理的に
   近いもの → this [these]，　遠いもの → that [those]

3. 不定代名詞 … 不特定のものを指す

   one, none, all, each, either, neither, other, another,
   anybody [everybody, somebody, nobody],
   anything [everything, something, nothing] など

4. 疑問代名詞 … 疑問の意味を表す

   who (誰)，what (何)，which (どちら)

5. 関係代名詞 … 文と文をつなぎ，前の名詞を修飾する(参照 P.152)

   who, whom, whose, which, that, what など

   例 I have a friend (who lives in London).

ポイント② 人称代名詞の働きと格変化をマスター！

1. 主格「〜は、〜が」… 主語になる
   例 We will email you.「私たちはあなたにEメールを送る」

2. 所有格「〜の」… 所有者を表す
   例 Our email is free.「私たちのEメールは無料だ」
   →〈所有格＋名詞〉の形で用いる

3. 目的格「〜を、〜に」… 動作の対象となる
   例 He emailed us.「彼は私たちにEメールを送った」
   →〈他動詞＋目的格〉の形で用いる
   He is looking for us.「彼は私たちを探している」
   →〈前置詞＋目的格〉の形で用いる

4. 所有代名詞「〜のもの」
   例 The tickets are ours.「そのチケットは私たちのものだ」
   ＝ our tickets〈所有格＋名詞〉

5. 再帰代名詞「〜自身」「〜自身で」
   ① 主語と目的語が同じ場合に用いる
   例 He regards himself as a successful business person.
   　主　　動　　目　　　＊regard A as B：AをBとみなす
   「彼は自分のことを成功したビジネスマンだと思っている」

   ② 強調を表す　＊-self はなくても文は成立する
   例 She can operate any kind of machine herself.
   「彼女はどんな機械も自分で操作できる」

No.33
Global Beverage has increased ------- sales because the quality of services has dramatically improved since Gagnon Oliver was appointed as the new CEO.

(A) of its own
(B) it
(C) its
(D) itself

構文分析

Global Beverage has increased ------- sales (because
　(主)　　　　　(動)　　　(目)　(接)〜なので

the quality of services has (dramatically) improved)
　　　(主)　　　　　　　　劇的に
　　　　　　　　　　　　　(動)

(since Gagnon Oliver was appointed as the new CEO).
(接)〜以来　(主)　　　　　(動)

覚えよう！ 頻出単語 & 表現

- beverage 名 飲料, 飲料会社
- increase 動 (物・数量・人)を増やす
- sales 名 売り上げ
- improve 動 改善される, 向上する
- appoint 動 (人)を(…に)任命する
    - 例 appoint him (to be) sales manager
    - = appoint him as sales manager
    - 「彼を営業部長に任命する」
- CEO 名 最高経営責任者 (=chief executive officer)

ここがポイント！

◆ 頻出パターン：〈他動詞 + [所有格 + 名詞]〉
　　　　　　　　　　　　　　　↑
　　　　　　　　　　　　　　目的語

人称代名詞の問題ですね。it（主格：それは）-its（所有格：それの）-it（目的格：それを）-itself（再帰代名詞：それ自身）ですね。

Global Beverage has increased ------- sales に着目すると，sales「売り上げ」は動詞 increase「～を増やす」の目的語であることがわかりますね。したがって，空所には名詞 sales を修飾するものが入ると考えられます。人称代名詞の中で，名詞を修飾する形容詞的な働きをするものは所有格なので，(C) its が正解です。

訳

　Global Beverage 社は，Gagnon Oliver が新しい最高経営責任者に任命されて以来，サービスの質が劇的に向上したために売り上げを伸ばしている。

(A) of its own：〈名詞 + of one's own〉：自分（自身）の～
(B) it：主格「～は」，目的格「～を，～に」
(C) its：所有格「～の」
(D) itself：再帰代名詞「～自身，～自体」

正解 (C)

No.34
Gary Lee has been looking for an office building for rent near residential areas to start a dry cleaning business of -------.

(A) he
(B) him
(C) his own
(D) himself

構文分析

Gary Lee　has been looking for　an office building
　(主)　　　　　(動)　　　　　　　(目)

(for rent) (near residential areas) (to start a dry
　　　　　　　　住宅街　　　　　　〜するために(目的)

cleaning business of -------).

覚えよう！ 頻出単語 & 表現

- [ ] for rent：借用できる，貸すための
  - *rent 動 (有料で)〜を借りる，〜を貸す 名 家賃
- [ ] residential 形 住宅の　*residential area：住宅街
  - ▶ reside 動 〜に住む
  - ▶ residence 名 住居
  - ▶ resident 名 住人

> ここがポイント！

◆ 頻出パターン： 名詞 + of one's own
　　　　　　　「自分(自身)の〜，自分専用の〜」

　選択肢から，人称代名詞の問題であることがわかりますね。本問の着目すべき箇所は，a dry cleaning business of ------- です。この中にある〈名詞＋of〜〉という形に気づきましたか。
　それぞれの代名詞の働きを確認してみましょう。
(A) he：主格なので，主語の位置に置かれます。
(B) him：目的格なので，他動詞や前置詞の目的語になりますが，本問では文意が通りません。
(C) his own：his own websiteのように〈one's own ＋名詞〉または，a website of his ownのように〈名詞 ＋ of one's own〉という形で「自分(自身)の〜，自分専用の〜」という意味を表します。
(D) himself：〈of oneself〉の形で「それ自体で，ひとりでに」という意味を表します。
　選択肢の中で〈名詞＋of〜〉という形をとり，文意が通るのは(C) his ownですね。

訳

　Gary Leeは自身のドライクリーニング事業を始めるために，住宅街の近くにある賃貸用のオフィスビルを探している。

(A) he：主格「〜は」
(B) him：目的格「〜を」
(C) his own：〈one's own ＋名詞〉＝〈名詞 ＋ of one's own〉：
　　　　　　自分(自身)の〜，自分専用の〜
(D) himself：再帰代名詞「〜自身，〜自身で」

正解 (C)

No.35

To focus on launching a new business, A&Y Medical Equipment have decided to outsource employee training instead of doing all the work related to it -------.

(A) they
(B) their
(C) them
(D) themselves

構文分析

(To focus on launching a new business),
~するために（目的）

A&Y Medical Equipment have decided to outsource
（主）　　　　　　　　　　　（動）　　　　　（目）

employee training (instead of doing all the work
社員教育　　　　　　後ろからworkを修飾

related to it -------).

覚えよう！ 頻出単語 & 表現

- □ focus on ~ : ~に集中する
  ＊focus A on B : A（注意・意識など）をBに集中させる
- □ launch 動 ~を開始する、（新製品など）を発売する
- □ medical 形 医療の、医学の
- □ equipment 名 器具、装置、装備
- □ decide to do : ~することに決める
- □ outsource 動 （仕事）を外部委託する
- □ instead of ~ : ~の代わりに
- □ related 形 関連した　＊related to ~ : ~に関連した

ここがポイント！

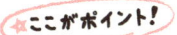

◆ 頻出パターン： 完全な文 ＋ -self
　　　　　　　　　　　　　　　　　再帰代名詞

　人称代名詞の格の問題ですね。今回は，消去法で正解に迫ってみましょう。

　(A) they（彼らは）は主格なので，主語の位置に置かれますが，空所は主語の位置ではないので不適切ですね。**(B) their**（彼らの）は所有格なので，〈所有格＋名詞〉という形で用いられます。空所の後ろに名詞はないので不適切ですね。**(C) them**（彼らを）は目的格なので，他動詞や前置詞の目的語になります。空所は目的語の位置にありませんので不適切ですね。

　(D) themselves が正解です。本問は空所がなくても文が成立しているので，強調用法の再帰代名詞 -self が入ります（参照 P.93 ポイント② 5②）。

訳

　新規ビジネスの立ち上げに集中するため，A&Y Medical Equipment 社は社員教育に関連するすべての業務を自分たちで行う代わりに，それを外部委託することに決定した。

(A) they：主格「〜は」
(B) their：所有格「〜の」
(C) them：目的格「〜を」
(D) themselves：再帰代名詞「〜自身，〜自身で」

正解 (D)

No.36

------- attending the GBM marketing seminar are asked to use a parking lot adjacent to the Patel Tower and enter through the south gate.

(A) Those
(B) They
(C) Their
(D) That

構文分析

------- (attending the GBM marketing seminar)
are asked to

use a parking lot (adjacent to the Patel Tower)
and
enter through the south gate.
〜を通って入る

覚えよう！ 頻出単語 & 表現

☐ attend 動 (会議など)に参加する，(学校など)に通う
☐ marketing 名 マーケティング
☐ seminar 名 セミナー
☐ be asked to do：〜するよう求められる
  ＊ask A to do：Aに〜するよう求める
☐ parking lot 名 駐車場
☐ adjacent to 〜：(部屋・建物など)に隣接した

ここがポイント！

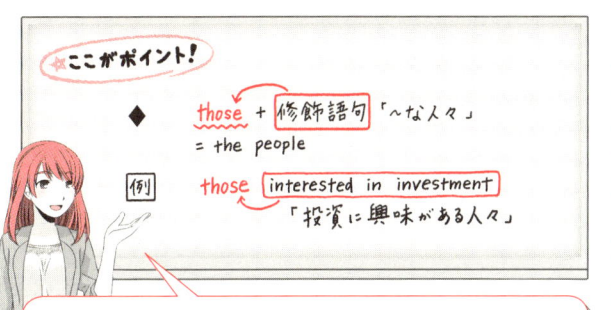

◆ those + 修飾語句 「〜な人々」
 = the people

例 those interested in investment
「投資に興味がある人々」

まずは，文の構造を確認してみましょう。

```
                              〜するよう求められる
------- (attending 〜 seminar) are asked to use ...
  主                             動
```

空所に入る語について以下のことがわかりますね。
1. 主語の働きをする
2. 現在分詞 –ing によって修飾される
3. are asked to use ... 「…を使用するよう求められる」とあるので，「人」を表す語が入る
4. be動詞areから「複数」を表す語が入る

この4つの条件を満たすのは (A) Those だけです。指示代名詞 those は〈those＋修飾語句〉という形で「〜な人々，〜なもの」という意味を表す重要語です！

訳

GBM社のマーケティングセミナーに参加する方はPatel Towerに隣接する駐車場をお使いください。また，南門よりお入りください。

(A) Those：指示代名詞→〈those＋修飾語句〉：〜な人々，〜なもの
(B) They：人称代名詞(主格)→直後に修飾語句を伴わない
(C) Their：人称代名詞(所有格)→〈所有格＋名詞〉の形で用いる
(D) That：指示代名詞「あれ」→もの・ことを指す

正解 (A)

10　形容詞のキホン

形容詞はその名が示す通り,「人」や「物事」を形容する詞(ことば)です。例えば, wise person「賢い人」, heavy bag「重いカバン」, She is happy.「彼女は幸せだ」などですね。ここでは, 形容詞の文中での働きなど, 基本事項を確認しながら少し詳しく学んでいきましょう。

ポイント ①　形容詞の働きは2パターン！

1. 名詞を修飾する
   - 例 important role「重要な役割」　〈形容詞＋名詞〉
   - 例 information necessary for the plan　〈名詞＋形容詞＋α〉
     「その計画に必要な 情報」

2. 補語になる⇒形容詞は主語や目的語の状態や性質を表す
   - 例 She is happy.「彼女は幸せだ」
     主　動　補 (She=happyの関係)
   - 例 The news made me happy.「その知らせは私を幸せにした」
     主　動　目　補 (me=happyの関係)

ポイント ②　TOEIC頻出パターン：〈形容詞の位置〉

1. 〈a [an, the, one's] ＋ ------- ＋名詞〉
   - 例 his detailed report「彼の詳細な報告書」
2. 〈副詞＋ -------〉
   - 例 extremely useful「非常に役立つ」
     → 副詞extremelyが形容詞を修飾
3. 〈be動詞[keep, remain]＋ -------〉
   - 例 remain steady「一定のままである」
     動　　補
4. 〈make [find, keep, leave]＋名詞＋ -------〉
   - 例 make your job easy「あなたの仕事を簡単にする」
     動　　目　　　補

ポイント③ 形容詞を覚えるコツ…5つのヒント！

1. 名詞とセットで覚える！
   例 final result「最終結果」
2. 「X＋形容詞に多い語尾」に分解して覚える！

-ic	〜の，〜の性質の	economy「経済」＋ -ic → economic「経済の」
-ical	〜的な，〜に関する	history「歴史」＋ -ical → historical「歴史的な」
-ive	〜な傾向・特徴を持つ	exclude「排除する」＋ -ive → exclusive「独占的な，排他的な」
-able -ible	〜できる，〜に適した	compare「比較する」＋ -able → comparable「匹敵する，同等の」
-ous	〜の性質を持つ，〜の多い	vary「異なる，変わる」＋ -ous → various「多様な，さまざまな」
-ful	〜でいっぱいの，〜しがちな	resource「資源，能力，機転」＋ -ful → resourceful「機転がきく」
-less	〜のない，〜を欠いている	care「注意」＋ -less → careless「不注意な」

3. ビジネスの文脈で覚える！
   例 日常の文脈：sensitive skin「敏感肌」
      ビジネスの文脈：sensitive information「機密情報」
4. 同じ語幹をもつ語を整理して覚える！
   例 succeed ①「成功する」→ successful「成功した」
              ②「後を継ぐ」→ successive「連続した」
5. 〈be動詞＋形容詞＋前置詞〉のセットで覚える！
   例 be qualified for 〜「〜に適任である」
      be capable of doing「〜できる」

No.37
Daniel Ross has been regarded as an indispensable part of the project team because he is a highly ------- and organized person.

(A) efficiency
(B) efficient
(C) efficiently
(D) inefficient

構文分析

Daniel Ross has been regarded as an
　　(主)　　　　　　(動)

indispensable part (of the project team) (because

he is a highly ------- and organized person).
(主)(動)　　　　　(形)　　　　(形)　　(名)

覚えよう！ 頻出単語 & 表現

- □ regard A as B：AをBとみなす，AをBだと思う
  * asの前後はイコールの関係
  * 本問は，A is regarded as B という受動態の形
- □ indispensable 形 なくてはならない　類 essential
- □ (a) part of 〜：〜の一部
- □ highly 副 非常に，大いに
- □ organized 形 (人が)仕事をきちんとこなす，(考えが)整理された

ここがポイント！

◆ A and B：AとBには **対等な要素** が入る！

◆ 頻出パターン：〈**形容詞＋名詞**〉

選択肢にはさまざまな品詞の単語が並んでいますね。着目すべきは he is a highly ------- and organized person「彼は非常に ------- で，仕事をきちんとこなす人である」の箇所ですよ。

A and B の形では，**A と B に文法上対等な要素（＝同じ品詞）** が並ぶので，空所には形容詞が入ります。

```
            -------
            A 形
a (highly)  and      person
            organized
            B 形
```

organized「仕事をきちんとこなす」という**プラスのイメージ**を持った形容詞と並列させるのにふさわしいのは **(B) efficient**「効率的な，手際の良い」ですね。

訳

Daniel Ross は非常に手際が良く，きちんと仕事をこなす人なので，プロジェクトチームになくてはならない存在だとみなされている。

(A) efficiency 名 効率，性能
(B) efficient 形 (機械・制度などが)効率的な，(人が)手際の良い
(C) efficiently 副 効率的に
(D) inefficient 形 (人・組織・制度などが)効率の悪い

正解 (B)

No.38
Amy's Furniture requests customers to email or send pictures of damaged or ------- merchandise if they would like to return or exchange an item purchased online.

(A) innovative
(B) defective
(C) extensive
(D) competitive

構文分析

Amy's Furniture requests customers to email or send pictures (of damaged or ------- merchandise) (if they would like to return or exchange an item purchased online).

〈名詞＋過去分詞＋α〉「～された名詞」

覚えよう！ 頻出単語 & 表現

- □ request A to do：Aに～するよう求める
- □ customer 名 顧客　＊customer service：顧客サービス
- □ merchandise 名 商品
  類 commodity, goods, product, item
- □ exchange 動 ～を交換する
- □ purchase 動 ～を購入する

ここがポイント！

- ◆ A or B：A と B には **対等な要素** が入る！
- ◆ 頻出パターン： 〈**形容詞＋名詞**〉

選択肢はすべて形容詞です。着目すべきは damaged or ------- merchandise「破損したもしくは ------- な商品」という箇所ですよ。and と同様に，**A or B** の形では **A** と **B** に文法上対等な要素（＝同じ品詞）が並びます。

$$\begin{array}{c} \text{damaged} \\ \text{or} \\ \text{-------} \end{array} \text{merchandise}$$

damaged「破損した」という**マイナスのイメージを持った形容詞**と並列させるのにふさわしいのは，**(B) defective**「欠陥のある，不良の」だけですね。

A and [or] B の形では，「**A** と **B** に同じイメージの要素がくる」と覚えておくといいですよ！

訳

Amy's Furniture社は顧客に対し，オンラインで購入した商品を返品もしくは交換したい場合は，破損もしくは欠陥のある商品の写真をEメールか郵送で送るよう求めている。

(A) innovative 形 革新的な
(B) defective 形 欠陥のある，不良の
(C) extensive 形 広範囲にわたる，幅広い
(D) competitive 形 競争力のある，（価格などが）他より安い

正解 (B)

No.39
In spite of the current severe economic conditions, LB Homes, one of the nation's leading suppliers of environmentally friendly housing, has been consistently -------.

(A) profit
(B) profitability
(C) profitably
(D) profitable

構文分析

(In spite of the current severe economic conditions),
LB Homes ,
　　　　　　　　　　　　　　　　経済情勢
主 ‖
one of the nation's leading suppliers
〈one of ＋複数名詞〉「〜のひとつ」
(of environmentally friendly housing), has been
　　　　環境に優しい　　　　　住宅　　　　動
consistently -------.

覚えよう! 頻出単語 & 表現

- □ in spite of 〜：〜にもかかわらず　　「〜」には名詞が入る
  - 類 despite 〜, notwithstanding 〜
- □ current 形 現在の, 最新の　▶ currently 副 現在
- □ severe 形 深刻な, 厳しい　類 serious
- □ economic 形 経済の　▶ economical 形 コストがかからない
- □ leading 形 一流の, 主要な
- □ supplier 名 供給業者, 納入業者
- □ consistently 副 常に, 絶えず
  - ▶ consistent 形 一貫性のある

> **ここがポイント!**
> ◆ be動詞の前後はイコール関係
> ◆ 頻出パターン: 〈be動詞 + 副詞 + 形容詞〉
>   　　　　　　　　　　　　　└修飾┘

選択肢にはさまざまな品詞が並んでいます。まずは，has been consistently ------- に着目しましょう。

It is my bag. や It is beautiful. のように，be動詞の後ろには名詞や形容詞がきます。したがって，be動詞の過去分詞beenの後ろに続く空所には，名詞または形容詞が入ります。副詞である(C) profitably以外は正解の候補となりますね。

be動詞は，It = my bag, It = beautifulのように，前後をイコールで結ぶ働きがあります。本問では，LB Homesとイコール関係にある要素が空所に入ることになります。LB Homes = (D) profitable「(会社・事業などが)もうかる，利益を生む」となりますね。

訳

現在の厳しい経済情勢にもかかわらず，環境に優しい住宅を販売している国内有数の企業であるLB Homes社は，絶えず利益を出している。

(A) profit 名 利益
(B) profitability 名 利益率，収益性
(C) profitably 副 利益が上がるように，有利に
(D) profitable 形 (会社・事業などが)もうかる，利益を生む

正解 (D)

No.40
Medical care and service providers are required to keep patient information -------, but the medical law provides some exceptions.

(A) confident
(B) consecutive
(C) confidential
(D) considerable

構文分析

<u>Medical care and service providers</u>
　　　　　　　　主　医療従事者

<u>are required</u> to keep <u>patient information</u> -------,
　動　　　　　　　　　　患者に関する情報

but the <u>medical law</u> provides some exceptions.
　　　　医療法

覚えよう! 頻出単語&表現

- medical 形 医療の, 医学の　＊medical care [service] 名 医療
- provider 名 プロバイダー, 供給者, 提供者
- be required to do：〜するよう求められる
  ＊require A to do：Aに〜するよう求める
- keep A B：AをBの状態に保つ
- law 名 法律, 法学　＊law firm 名 法律事務所
- provide 動 (必要なもの)を提供する
- exception 名 例外　▶ exceptional 形 並外れて素晴らしい

> **ここがポイント!**
> ◆〈keep＋目的語＋形容詞〉「〜を…の状態に保つ」
>   目的語に関する情報を補う語＝補語

選択肢はすべて形容詞です。着目すべき箇所は keep patient information ------- ですよ。空所には形容詞が入るので,〈keep＋目的語＋形容詞(補語)〉の形で「〜を…の状態に保つ」という意味になります。

したがって,「患者に関する情報を ------- の状態に保つ」という文脈にふさわしいのは, **(C) confidential**「(情報が)マル秘の, 機密の」ですね。

〈動詞＋目的語＋形容詞(補語)〉はTOEIC頻出パターンです。以下の動詞も同じ文型をとるのでチェックしておいてくださいね!

- make A B 「AをBにする」
- find A B 「AがBだとわかる」
- leave A B 「AをBのままにしておく」

訳

医療従事者は患者に関する情報を機密にしておくよう求められているが, 医療法は一部の例外を示している。

(A) confident 形 (人が)確信している, 自信がある
(B) consecutive 形 連続した 例 for five consecutive days:5日間連続で
(C) confidential 形 (情報が)マル秘の, 機密の 類 secret
(D) considerable 形 (数・量・程度などが)かなりの

正解 (C)

11 副詞のキホン

形容詞は,「名詞を修飾する語」でしたね。副詞は「名詞以外(動詞,形容詞,副詞,文)を修飾する語」です。ここでは,副詞の働きや種類についてだけでなく,副詞が正解となるTOEIC頻出パターンについても確認していきましょう!

ポイント① 副詞の基本の形は〈形容詞＋ly〉!

例 usual + ly = usually / slow + ly = slowly

ポイント② 副詞の働きは4パターン!

副詞は名詞以外(動詞,形容詞,副詞,文)を修飾します。

1. grow rapidly 「急速に 成長する」 〈動詞を修飾〉
   動

2. absolutely beautiful 「ものすごく 美しい」 〈形容詞を修飾〉
   形

3. extremely rapidly 「極めて 急速に」 〈他の副詞を修飾〉
   副

4. Fortunately , he was not injured. 〈文を修飾〉
   「幸いにも 彼はけがをしなかった」

ポイント③ 意味による副詞の種類

程度を表す	very「とても」, highly「大いに」, substantially「かなり」
様子を表す	rapidly「急速に」, enthusiastically「熱心に」
頻度を表す	（頻度の高い順に）always「いつも」, usually [generally]「たいてい」, often [frequently]「しばしば, 頻繁に」, sometimes「時々」, occasionally [now and then]「時おり」, rarely [seldom]「めったに～ない」, never「決して～しない」
場所を表す	abroad「海外に」, overseas「海外に」, downtown「繁華街に」
限定を表す	only [exclusively]「～だけ」
文の内容について	【話し手の気持ちを表す】fortunately「幸いにも」 ⇔ unfortunately「あいにく」 【話し手の見解を表す】naturally「当然のことだが」 【確実性に関する話し手の判断を表す】apparently「明らかに」

ポイント④ TOEIC頻出パターン：副詞の位置

1. 〈be動詞＋-------＋過去分詞〉〈受動態〉
   例 be suitably dressed「きちんとした服装をしている」
2. 〈have [has] been ＋-------＋過去分詞〉〈現在完了形〉
   例 have been finally completed「ようやく完成した」
3. 〈助動詞＋-------＋動詞の原形〉
   例 will gradually increase「徐々に増加するだろう」
4. 〈-------＋形容詞〉
   例 highly successful「非常に成功している」
5. 〈主語＋-------＋動詞〉
   例 We strongly encourage you.「私たちはあなたに強く勧める」
6. 〈-------＋過去分詞＋名詞〉
   例 newly built plant「新しく建設された工場」

No.41
Bicycles are ------- used instead of cars in the Netherlands, which is well equipped with bike lanes and other bike facilities.

(A) frequent
(B) frequently
(C) frequency
(D) infrequent

構文分析

Bicycles are ------- used (instead of cars)
　主　　動 受動態

(in the Netherlands), which is (well) equipped
　　オランダ　　　　　　　　　　　　　十分に
※which 〜は the Netherlands の補足説明

with bike lanes and other bike facilities.
　　自転車専用道路

覚えよう！ 頻出単語&表現

□ instead of 〜：〜の代わりに
□ be equipped with 〜：〜を装備している
　＊equip A with B：A(道具・設備など)をBに装備する
□ facility 名 施設

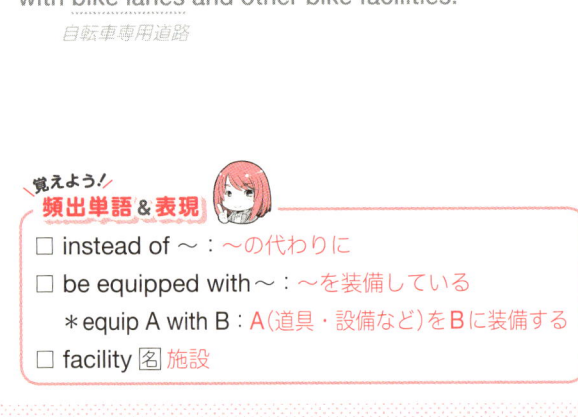

> ★ここがポイント!
>
> ◆ 頻出パターン:
>   〈be動詞 + [空所] + 過去分詞〉(受動態)
>   ↳ 副詞 が入る!

選択肢にはさまざまな品詞が並んでいます。**Bicycles are ------- used**「自転車は使用されている」の箇所に着目しましょう。受動態〈be動詞＋過去分詞〉が用いられていますね。ここは，空所がなくても文として成立している点に気づけるかどうかがポイントです。

空所がなくても文として成立しているとき，空所には修飾語が入ります。修飾語とは，形容詞または副詞のことですよ。本問のように，be動詞と過去分詞の間に空所がある場合は，副詞が入ります。したがって，(B) frequently「頻繁に」が正解となります。

Bicycles are frequently used では，frequentlyが受動態を修飾しています。

訳

自転車専用道路やその他の自転車用施設の整備が行き届いているオランダでは，車の代わりに自転車が頻繁に使用されている。

(A) frequent 形 頻繁に起こる
(B) frequently 副 頻繁に
(C) frequency 名 頻度，回数，頻繁に起こること
(D) infrequent 形 めったに起こらない

正解 (B)

入門編 11 副詞のキホン

No.42
The repairing of the railways and roads damaged by the recent hurricane has been ------- completed.

(A) then
(B) almost
(C) justly
(D) shortly

構文分析

The repairing (of the railways and roads) (damaged by the recent hurricane) has been ------- completed .

- The repairing 〈主〉
- railways = 鉄道
- 名詞+〈過去分詞+α〉「〜された名詞」、後ろから名詞を修飾
- has been ------- completed 〈動〉-〈have been+過去分詞〉

覚えよう！ 頻出単語&表現

- □ repairing 名 修理[修繕]すること
  ▶ repair 動 (物)を修理[修繕]する
- □ damage 動 〜に損害[損傷]を与える
- □ recent 形 最近の, 最近起こった
- □ complete 動 〜を完成させる,
  　　　　　　　(書類など)に記入して仕上げる
  　　　　　　形 完成した, 全部そろっている

ここがポイント！

◆ ある状態に近づいているが、まだ達していない 〕 almost のイメージ

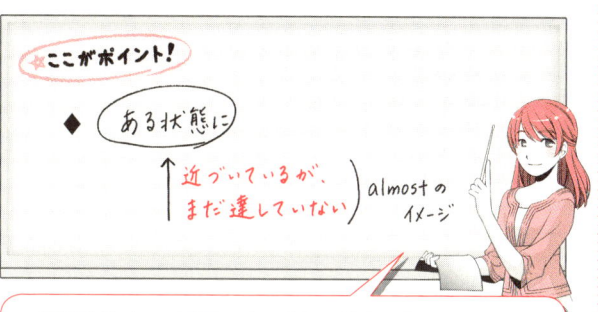

選択肢はすべて副詞です。本問の基本の構造は

The repairing has been ------- completed .
（主）　　　　　　　　　（動）

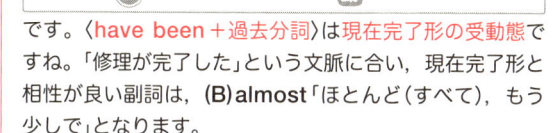

です。〈have been＋過去分詞〉は現在完了形の受動態ですね。「修理が完了した」という文脈に合い、現在完了形と相性が良い副詞は、**(B) almost**「ほとんど（すべて），もう少しで」となります。

(A) then は「その時」という意味で、過去や未来におけるある一時点を示す語であるため、過去から現在までのつながりを表す現在完了形の文の中では使用されません。**(C) justly** は「公平に」という意味です。just「ちょうど」ならば、現在完了形の文と相性バッチリですよ。**(D) shortly** は soon「まもなく」と同義の語ですので、過去や未来を表す文の中で使われます。

訳

最近起こったハリケーンによって被害を受けた鉄道や道路の修繕はほとんど完了した。

(A) then 副（過去・未来の）その時，（順序を示して）それから
(B) almost 副 ほとんど（すべて），もう少しで
(C) justly 副 公平に
(D) shortly 副 まもなく

正解 (B)

No.43
According to statistics on the national market for confectionery products, smaller portions and ------- packed confectionery items are more popular in inner-city areas.

(A) individuals
(B) individually
(C) individualism
(D) individualize

構文分析

(According to statistics on the national market for
　　　　　　　　　　　　　　　　　　　国内市場

confectionery products),
　菓子の

smaller portions and ------- packed confectionery items
　少ない量

are more popular in inner-city areas.
　動　　　　　　　　　都心部

覚えよう！ 頻出単語&表現

- [ ] according to 〜：(調査・人)によると
- [ ] statistics 名 統計(複数扱い)，統計学(単数扱い)
- [ ] market 名 市場
- [ ] product 名 製品
- [ ] portion 名 部分
- [ ] pack 動 (輸送・販売用に)(物)を詰める，梱包する
  - ▶ packing 名 (輸送・販売用の)包装，梱包
- [ ] item 名 品物，項目

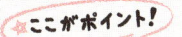

> **ここがポイント！**
>
> ◆ 頻出パターン：〈 空所 ＋ 過去分詞 ＋ 名詞 〉
>   ↳ 副詞が入る！

選択肢にはさまざまな品詞が並んでいますね。smaller portions and ------- packed confectionery items が主語です。No.37でも確認しましたが，A and B の形では，AとBに文法上対等な要素が並ぶのでしたね。構造を確認しましょう。

```
smaller  portions   〈修飾語＋名詞〉
   and
------- packed confectionery  items   〈修飾語＋名詞〉
```

注目すべきは，空所がなくても packed confectionery items「包装された菓子製品」は意味が成立するという点です。ということは，空所には修飾語が入るので，副詞である (B) individually「個々に」が正解です。

訳

菓子製品の国内市場に関する統計によれば，都市部では少量で個別包装された菓子製品のほうが人気がある。

(A) individuals 名 individual「個人」の複数形
(B) individually 副 個々に，個別に
(C) individualism 名 個人主義
(D) individualize 動 ～を個々に扱う

正解 (B)

No.44

------, people are more aware of global warming, leading to a growing preference for environmentally friendly appliances among retailers and consumers.

(A) Late
(B) Once
(C) Previously
(D) Nowadays

構文分析

------, people are more aware of global warming,
　　　　　 主　 動　　　　　　　　　　　　地球温暖化

leading to a growing preference (for
lead to ~ : ~を引き起こす

environmentally friendly appliances) (among
　　環境に優しい　　　　　　　　　　　　　 ~の間で

retailers and consumers).

覚えよう！ 頻出単語&表現

- be aware of ~ : ~に気が付いている，~を認識[自覚]している
- grow 動 増大する，成長する
- preference 名 (for~)(~に対する)好み
- appliance 名 (冷蔵庫などの)(家庭用の)器具，機器
- retailer 名 小売業者
- consumer 名 消費者

> ☆ここがポイント!
>
> ◆ 昔 ↔ 今　「(昔と比べて) この頃は」 … nowadays
> 　　　　　　「(今と比べて) かつては」 … once

選択肢はすべて「時」に関係する副詞です。それぞれの副詞には次のような意味と働きがありますので，確認してみましょう。
(A) Late「(いつもより) 遅く，(予定より) 遅れて」
(B) Once「(現在と対比して) かつては」という意味なので，過去の文脈で使用されます。
(C) Previously「以前は」。通常，過去(完了)の文の中で使用されます。
(D) Nowadays「(昔と対比して) この頃は，最近は」。通常，現在形の文で使用されます。
本問は，people are more aware of global warming から，現在の状況を表す文だとわかるので，**(D) Nowadays** が正解です。

訳

最近は，地球温暖化に対する意識が高まっているので，小売業者や消費者の間で環境に優しい電化製品が好まれている。

(A) Late 副 (いつもより) 遅く，(予定より) 遅れて
(B) Once 副 (現在と対比して) かつては
(C) Previously 副 以前は
(D) Nowadays 副 (昔と対比して) この頃は，最近は

正解　(D)

12 比較のキホン

ここでは，形容詞や副詞の原級(happy / fast)，比較級(happier / faster)，最上級(happiest / fastest)を用いた基本的な比較構文について確認していきましょう。構文を構成する要素の意味がわかれば，丸暗記する必要はありませんから，安心してくださいね。

ポイント① 原級を用いたパターン

(2つの物や人を比べて)「～と同じくらい…だ」
⇒〈as +形容詞・副詞の原級+ as +比較対象〉
　　(副) 同じくらい　　　　(接) ～のように

　　　　　　　　　　　　　　　← 共通項は省略
例 Tom is as tall as my father (is tall).
「Tomは私の父と同じくらいの背の高さだ」

否定形は次のようになります。asの代わりにso「それほど」を使うこともできますよ。
(2つの物や人を比べて)「～ほど…でない」
⇒〈not as［so］+形容詞・副詞の原級+ as +比較対象〉

例 I am not as tall as my father.
　　 I am not so tall as my father.
「私は父ほど背が高くない」

意味に注意しましょう。
My father is taller than I.
「父は私より背が高い」と同じ意味になりますね。

ポイント② 比較級を用いたパターン

(2つの物や人を比べて)「~より…だ」
⇒〈形容詞・副詞の比較級＋than＋比較対象〉
　　　　　　　　　　　　　　　⑱ ~に比べて

例 He drives more carefully than (he did) when he was young.
「彼は若い頃よりも注意して運転する」

(2つの物や人を比べて)「~より…でない」
⇒〈less＋形容詞・副詞の原級＋than＋比較対象〉
　⑳ より少なく
＊この構文では，lessのあとに原級が続くことに注意が必要ですよ。

例 It is less hot today than yesterday.
「今日は昨日より暑くない」
(= It is cooler today than yesterday.)

ポイント③ 最上級を用いたパターン

(3つ以上の物や人を比べて)「~の中で最も…だ」
⇒〈(the)＋形容詞・副詞の最上級＋of [in] ~〉
＊副詞の最上級はtheが省略されます。

例 He is the most famous of the three members.
　　　　⑳ 最も多く　〈of＋数字〉　「3人の中で最も有名」

　　He is the least famous in the group.
　　　　⑳ 最も少なく　〈in＋集合〉
　　　　　　　　　　「グループの中で最も知られていない」

No.45
The camping vehicle equipped with living space and modern appliances was not as ------- as Mr. Flores had expected it to be.

(A) affordably
(B) affordable
(C) afford
(D) affordability

構文分析

The camping vehicle (equipped with living space
(主) キャンピングカー

and modern appliances) was not as ------- as
(動)

Mr. Flores had expected it to be.
　(主)　　　　　(動)

頻出単語 & 表現

- vehicle 名 乗り物, 車, 手段
- (be) equipped with 〜 : 〜を装備している
  * equip A with B : A(道具・設備など)をBに装備する
- appliance 名 (冷蔵庫などの)(家庭用の)器具, 機器
- expect A to be 〜 : Aは〜であると期待[予期]する

ここがポイント！

◆ as ...... as を<u>取り外して考えてみる！</u>

was not as ------ as の箇所から，原級を用いた比較構文の問題であることがわかりますね。as ------ as の間には形容詞または副詞の原級が入りますから，副詞の (A) affordably「手頃に」と形容詞の (B) affordable「手頃な価格の」が正解の候補となりますね。

as ------ as の間に何が入るか，いったん as ------ as を取り外して考えてみましょう。

> The camping vehicle　was not ------
> 　　　　主　　　　　　　動　　　補

着目すべきポイントは be 動詞ですよ。No.39 でも確認しましたが，be 動詞は後ろに続く情報（補語）と主語をイコールで結ぶ働きをします。したがって，The camping vehicle「キャンピングカー」= affordable「(物が)手頃な価格の」と考えるのが適切ですね。

訳

居住スペースや現代的な機器が装備されたそのキャンピングカーは Flores 氏が予想していたほど手頃な価格ではなかった。

(A) affordably 副 手頃に
(B) affordable 形 (物が)手頃な価格の
(C) afford 動 ～する余裕がある
(D) affordability 名 値頃感

正解 (B)

No.46
Inspired by advice from his supervisor, Mason Wright has decided to build a reputation for being one of the most ------- and motivated sales representatives in his company.

(A) enthusiast
(B) enthusiasm
(C) enthusiastically
(D) enthusiastic

構文分析

[Inspired by advice from his supervisor],
　　　　　分詞構文

Mason Wright has decided to build a reputation (for ～という評判

being one of the most { ------- and motivated } sales representatives in his company).

覚えよう！ 頻出単語&表現

- □ inspire 動 (人)にやる気を与える
- □ supervisor 名 上司, 責任者, 監督者
  - ▶ supervise 動 (人・作業・場所など)を監督する
- □ decide to do : ～することに決める
- □ reputation 名 (for～)評判, 高い評価, 名声
- □ motivated 形 やる気に満ちた
- □ sales representative 名 販売員, 営業マン

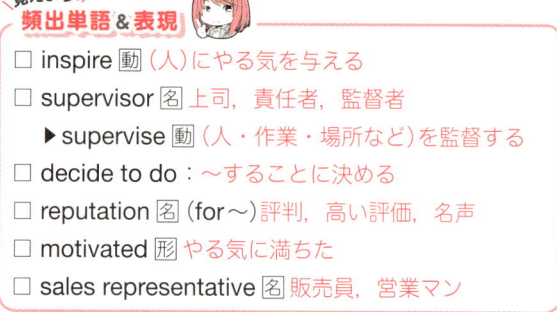

> ⭐ **ここがポイント！**
>
> ◆ 〈one of the ＋形容詞の最上級＋名詞の複数形〉
> 「最も〜な…のひとつ（ひとり）」

まずは，空所前後の構造を確認してみましょう。

```
one of the most { -------- and motivated } sales representatives in his company
```

No.37でも確認しましたが，A and Bの形ではAとBに文法上対等な要素（＝同じ品詞）が並ぶのでしたね。motivated「やる気に満ちた」は形容詞なので，対等な要素は形容詞の**(D) enthusiastic**「熱心な」となります。

さて，ここは〈**one of the ＋形容詞の最上級＋名詞の複数形**〉「最も〜な…のひとつ（ひとり）」という最上級を含んだ重要構文です。名詞の前は形容詞の最上級ですから，**(D)** が正解となることが再確認できますね。

訳

Mason Wrightは上司からのアドバイスを受けてやる気になったため，社内で最も熱心な意欲ある営業マンのひとりになって評判を確立しようと決意した。

(A) enthusiast 名 ファン，熱中している人
(B) enthusiasm 名 熱心さ，熱中
(C) enthusiastically 副 熱心に，熱中して
(D) enthusiastic 形 熱心な，熱中した

正解 **(D)**

No.47

If you have a sleep problem and want to fall asleep more -------, a cup of chamomile tea before going to bed is highly recommended.

（A）comfortable
（B）comfort
（C）comfortably
（D）comforting

構文分析

(If you have a sleep problem
　　　and
　　　want to fall asleep more -------),

a cup of chamomile tea (before going to bed)
　　　　　　主　　　　　〈前置詞＋動名詞〉
is (highly) recommended.
　　動（受動態）

覚えよう！ 頻出単語＆表現

□ before doing：〜する前に
□ highly 副 非常に，大いに
□ recommend 動 〜を推薦する，〜を勧める
　▶ recommendation 名 推薦

ここがポイント！

◆ more [less] を取り外して考えてみる！

空所を含むif節に着目して、構造を確認しましょう。

> If you have a sleep problem
> and
> want to fall asleep more -------,

want to fall asleep「眠りにつきたい」という箇所までで文が完結しているので、空所には修飾語（形容詞もしくは副詞）が入ると考えられます。

形容詞を用いたmore comfortableか副詞を用いたmore comfortablyか、ということになりますね。いったん、moreを取り外して考えてみましょう。

fall asleep -------：空所はfall asleep「眠りにつく」を修飾しています。したがって、副詞のcomfortably「快適に」を入れると文法的に適切な文となりますね。

訳

もしあなたが睡眠に関して問題を抱えており、もっと快適に眠りにつきたいと思っているならば、就寝前にカモミールティーを1杯飲むことをお勧めします。

(A) comfortable 形 快適な
(B) comfort 名 快適さ 動 （人）を安心させる
(C) comfortably 副 快適に
(D) comforting：現在分詞・動名詞

正解 (C)

No.48

Emma Gauthier was encouraged to keep focused on the task at hand ------- than think about past mistakes and worry about things she can't change.

(A) rather
(B) less
(C) better
(D) later

構文分析

Emma Gauthier was encouraged to
　　〈主〉　　　　　　〈動〉
keep focused on the task at hand
〈A〉動詞の原形から始まるかたまり

------- than　think about past mistakes
　　　　　　　　　　　　　過去のミス
　　　　　　and
　　　　　　worry about things she can't change .
〈B〉動詞の原形から始まるかたまり

覚えよう！ 頻出単語 & 表現

- □ be encouraged to do：〜するよう勧められる
  * encourage A to do：Aに〜するよう勧める
- □ (be) focused on 〜：〜に集中している
- □ task 名 課せられた任務，仕事
- □ at hand：(時間・位置的に)近くに，手元に

ここがポイント！

◆「than があったら空所には比較級」とは限らない！

◆ (A) rather than (B) 「BよりむしろA」
　　　↑
　文法的に対等なもの

選択肢には比較級（ratherを除く），空所の後ろにはthanが続いていますね。「thanがあったら空所には比較級が入る！」と思い込んでいると，思わぬ失敗をすることがありますから要注意ですよ。

(B)(C)(D)は副詞の比較級として空所の位置に置くことは可能ですが，文の意味が通りません。

本問では(A)ratherが正解となりますが，副詞ratherはA rather than Bもしくはrather A than Bの形で「BよりむしろA」という意味を表します。AとBは文法的に対等なものであるという点に注意しましょう。

訳

Emma Gauthierは過去のミスについて考えたり，自分では変えることのできない事柄について悩む代わりに，目の前にある任務に集中するよう勧められた。

(A) rather：A rather than B：BよりむしろA
(B) less：less than ～：～より少ない，～より少なく
(C) better：better than ～：～より良い，～より上手に
(D) later：later than ～：～より遅くに

正解 (A)

13 前置詞のキホン

前置詞は,その名前が示す通り,「名詞の前に置く詞(ことば)」です。前置詞は「覚えることがたくさんあって大変!」という悩みをよく耳にしますが,それぞれの前置詞が持つ核となるイメージをおさえれば,覚えるべき事柄はぐっと減りますよ。

ポイント ① 前置詞の基本:〈前置詞+名詞〉

前置詞は〈前置詞+名詞〉の形で用います。また,前置詞の後に置かれる語は「前置詞の目的語」と呼ばれますよ。

例 He put it on the table.「彼はそれをテーブルの上に置いた」
   〈前置詞+名詞〉
   ※ the table が前置詞の目的語

Listen to me .のように前置詞の目的語が代名詞の場合は「目的格」となります。

ポイント ② 核となるイメージを大事にする!

基本的な前置詞の核となるイメージを確認しておきましょう。

【at】…「一点」を表す。「点」をイメージできればOK!
・at the information desk「受付で」
・at the end of this month「今月の終わりに」
・at a reasonable price「手頃な価格で」(価格の一点)

【in】…人・物・事などが「枠の中」に入っているイメージ
・He is in the office.「オフィスにいる」
・He works in the field of advertising.「広告の分野で働いている」

【from】…起点から出発する,起点から離れる
・retire from his company「退職する」
・hear from him「彼から連絡がくる」

【to】…「方向（〜に向かう）」や「到達（〜に到達する）」を表す
- return **to** the office「オフィスに戻る」
- amount **to** 〜「(合計で)(ある金額・数量)に達する」
- deliver A **to** B「AをBに届ける」

【for】…「〜に向かって，〜に向けて」
- prepare **for** the presentation「プレゼンに向けて準備を行う」
- apply **for** a librarian position「司書職に応募する」
  (気持ちが司書の仕事に向かっているイメージ)
- search **for** a solution「解決法を求める」

【into】…in「中」+ to「方向（〜に向かう）」=「(外から)中へ」
- move **into** a larger house「もっと大きな家に引っ越す」
- enter **into** a contract「契約を結ぶ」(直訳：契約の中に入っていく)

【on】…「接触」，何かに「くっついている」というイメージ
- depend **on** imports「輸入に頼る」
- be dependent **on** one's parent「親に頼っている」
- focus **on** a task at hand「目の前の作業に集中する」
  (意識が対象にくっついているイメージ)

【of】…本来の意味は「分離（〜から離れて）」
- He is independent **of** his parents.「両親から独立している」
- deprive children **of** an education「子供から教育の機会を奪う」
◆「所有（〜という性質を持っている）」を表す
- an issue **of** importance「重要な問題」(重要性を持っている問題)
◆「部分―全体」の関係を表す
- a member **of** the marketing team「マーケティングチームの一員」
  　部分　　　　　全体
◆「主語―動詞」の関係を表す（「〜が…する」）
- the arrival **of** the train「電車の到着」(電車が到着する)
◆「動詞―目的語」の関係を表す（「〜を…する」）
- the construction **of** a hotel「ホテルの建設」(ホテルを建設する)
◆「前後をイコールで結ぶ」働き（「同格」の of）
- the town **of** Brooksville「Brooksvilleという町」

No.49
The membership numbers of YNC Fitness Centers have considerably increased over the past five years and are expected to reach 2.7 million ------- the end of this fiscal year.

(A) until
(B) through
(C) by
(D) above

構文分析

The membership numbers (of YNC Fitness Centers) have (considerably) increased (over the past five years)
⟨have＋過去分詞⟩

and are expected to reach 2.7 million -------

the end of this fiscal year.

頻出単語 & 表現

- □ membership 名 会員であること，会員
- □ considerably 副 かなり
    - 類 substantially, significantly, markedly
- □ increase 動 増える ▶ increasingly 副 ますます
- □ over the past [last] ~ years：この~年間にわたって
- □ be expected to do：~すると期待[予期]されている
    - ＊expect A to do：Aは~すると期待[予期]する
- □ reach 動 ~に到着する，~に達する
- □ fiscal year 名 会計年度

> **ここがポイント！**
>
> ◆ by vs. until [till]
> - by … (期限を表す)〜までに
> - until [till] … (継続して)(ある時点)までずっと

選択肢の前置詞の意味，用法を確認しましょう。

(A) until [till]「(ある時点)までずっと」：動作や状態が**ある時点までずっと続くことを示すため，継続**を表す動詞と一緒に用います。（**例** stay here until tomorrow）

(B) through：トンネルのような立体的な空間を「通り抜けて」という基本イメージから，「時間を通り抜けて」→「(ある期間)の初めから終わりまでずっと」。

(C) by「(ある時点)までに」：動作や状態が**ある時点までに終わる**ことを示すため，瞬間的な動作を表す動詞と一緒に用いる点に注意してくださいね。

(D) above：「(位置が)〜より高い」が基本イメージ。主語・動詞を中心とした文の骨組みをチェックし，**reach**「(ある段階・数量)に達する」が瞬間的な動作を表す動詞であることに着目して正解に迫りましょう。

訳

YNC Fitness Centersの会員数はこの5年でかなり増加しており，今年度末までに270万人に到達すると予想されている。

(A) until 前 (継続して)〜までずっと
(B) through 前 〜を通り抜けて，〜の初めから終わりまでずっと
(C) by 前 (期限を表して)〜までに
(D) above 前 (位置が)〜より高い，(程度が)〜より上に

正解 (C)

No.50
Gavin Wood was encouraged to seek expert advice ------- making his final decision about starting his own business.

(A) prior
(B) previously
(C) ahead
(D) before

構文分析

Gavin Wood | was encouraged | to seek expert advice
（主） | （動） | 専門家の助言

------- making his final decision about
　　　　〜についての最終的な結論を下す

starting his own business.

頻出単語 & 表現

□ be encouraged to do：〜するよう勧められる
　＊encourage A to do：Aに〜するよう勧める
□ seek 動 〜を探す，探し求める
□ expert 名 専門家，（形容詞的に）専門家の
□ final 形 最終の
□ decision 名 決定, 結論　＊make a decision：決定する
□ 〈one's own ＋名詞〉：自分（自身）の〜

> **ここがポイント！**
>
> ◆ 前置詞 + { 名詞 / 動名詞 (doing) }

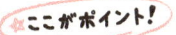

　本問は，空所の前のadviceまでで文が完結しており，空所の後ろに-ingが続いているという点が着目すべきポイントです。選択肢と文意から，空所には「～の前に」という意味を表す語が入りそうですね。それぞれの選択肢を見てみましょう。

　(A) prior：〈prior to ＋名詞[動名詞]〉の形で「～の前に」という意味を表します。

　(B) previously：「以前は」

　(C) ahead：〈ahead of ＋名詞[動名詞]〉の形で「～の前に，～より先に」という意味を表します。

　(D) before：「(時間・空間的に)～の前に」

　したがって，本問は〈前置詞before＋動名詞〉の形で「～する前に」という意味になります。⇔〈前置詞after＋動名詞〉「～した後に」と共におさえておきましょう。

訳

　Gavin Wood は自身の事業を始めるにあたり最終的な結論を下す前に，専門家の助言を求めるよう勧められた。

(A) prior 形 (時間・順序が)前の　＊prior to ～：～の前に (=before)
(B) previously 副 以前は (= in the past)
(C) ahead 副 (位置)前に，(時間)前もって (= in advance)
　＊ahead of ～：～の前に，～より先に
(D) before 前接 (時間・空間的に)～の前に

正解 **(D)**

No.51

As of September 1, Owen Tremblay will be transferred from the product development department to the sales department ------- his lack of experience in sales.

(A) except
(B) although
(C) despite
(D) spite

構文分析

(As of September 1), Owen Tremblay will be transferred

(from the product development department)

(to the sales department)
from A to B：AからBへ

------- his lack (of experience in sales).

覚えよう！ 頻出単語 & 表現

- □ as of ～：～現在で，～付けで，（日時）～から
- □ transfer A to B：AをBに転勤[異動]させる
- □ product development 名 製品開発
- □ department 名 部門
- □ lack 名 (of～)（～の）不足　類 shortage
- □ experience 名 経験

ここがポイント！

◆ 前置詞 vs. 接続詞

「〜にもかかわらず」
- 前 despite / in spite of + 名
- 接 though / although + 主 + 動

　選択肢に前置詞と接続詞がある場合は、空所の後ろの形に注意してくださいね。〈前置詞　+名詞[動名詞]〉,〈接続詞+主語+動詞〉という形で用います。

　本問では，空所の後ろは his lack (of experience in sales)「(販売経験の) 不足」で名詞ですね。(B) although「〜だけれども」は接続詞ですから不適切です。また，(D) は in spite of 〜 という形で用います。頻出表現ですから覚えておいてくださいね。

　(A) except「〜を除いて」と (C) despite「〜にもかかわらず」は共に前置詞なので文脈で判断しましょう。Owen Tremblay は「販売経験がないにもかかわらず営業部へ異動する」とすれば文意が通じますね。

訳

　9月1日付けで，Owen Tremblay は販売経験がないにもかかわらず製品開発部から営業部へと異動する。

(A) except 前 〜を除いて，〜以外は
(B) although 接 〜にもかかわらず，〜だけれども (= though)
(C) despite 前 〜にもかかわらず
(D) spite : in spite of 〜 : 〜にもかかわらず

正解　(C)

No.52

In response to a growing awareness of the health risk of smoking, a campaign ------- smoking has been supported by most of the employees in Rosy Cosmetics.

(A) for
(B) against
(C) with
(D) within

構文分析

(In response to a growing awareness of the health risk of smoking),

a campaign (------- smoking) has been supported
主　　　　　　　　　　　　　　　　　　　　動

後ろからcampaignを修飾

(by most of the employees) (in Rosy Cosmetics).

覚えよう！ 頻出単語 & 表現

- □ in response to 〜：〜に応えて，〜の結果
- □ grow 動 増大する，成長する
- □ awareness 名 自覚，意識，認識
  * be aware of 〜：〜に気が付いている，〜を認識[自覚]している
- □ most of the 〜：〜の大部分
- □ employee 名 従業員，社員

ここがポイント！

◆ for vs. against

～に賛成して ⇔ ～に反対して

各選択肢の核となるイメージを確認しましょう。

(A) for：基本的なイメージは「～に向かって」。意識や気持ちが対象の方に「向かっている」というイメージから，「～に賛成して」という意味がありますよ。

(B) against：「向かい合って」という本来の意味から「対立して」という意味へ発展しています。何かと何かが強く対立するイメージから「～に反対して，～に反して」という意味が生まれたんですね。

(C) with：「～と一緒に，共に」

(D) within：「～の範囲内で」という意味でinよりも境界線がはっきりしているイメージですよ。

本問は**(B) against**を用いて「喫煙に反対するキャンペーン」とすれば文意が通りますね。

訳

喫煙による健康上のリスクについて意識が高まっているため，Rosy Cosmetics社では社員の大半が喫煙に反対するキャンペーンを支持している。

(A) for 前 ～に賛成して
(B) against 前 ～に反対して，（規則など）に反して
(C) with 前 ～と一緒に
(D) within 前 （時間・場所・程度など）の範囲内で，～以内に

正解 (B)

14 接続詞のキホン

接続詞は、その名前が示す通り、「文と文を接続する詞（ことば）」ですね。接続詞を攻略するポイントは、英文を読む際に、文と文がどのような論理関係で結ばれているかを意識することです。例えば、接続詞 because は「〜だから」と覚えるのではなく、理由を表す文と結果を表す文を結ぶ働きをして、A because B で「B だから A」と覚えましょう！

ポイント①　接続詞は、大きく分けると2種類！

接続詞は、等位接続詞 と 従属接続詞 に分けることができます。

◆ 等位接続詞（and, but, or, so, for, yet など）

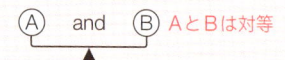

$$Ⓐ \underbrace{\text{and}} Ⓑ \quad \text{AとBは対等}$$

* simple and easy のように、A と B は文法上対等な要素。
　　形　　　形

接続詞 for 〈〜, for +【主】+【動】〉「〜，というのも…だからだ」
　　⇒前文に対して理由をつけ加える働き

◆ 従属接続詞（because, though, if, when など）
　　　　　A because B 「B だから A」
　　　【結果】　　【理由】

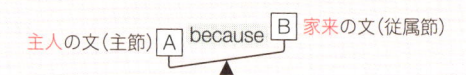

主人の文（主節）Ⓐ because Ⓑ 家来の文（従属節）

* because などが導く文（従属節）は、メインの文（主節）に対して補足説明や追加説明などを行う。

ポイント② 接続詞の基本：〈接続詞＋主語＋動詞〉

TOEICでは，接続詞が正解となる問題の選択肢に，前置詞や副詞が含まれていることが多々あります。空所の後ろの文構造をしっかりと確認することが大事です！

例 ------ the event started , it began to rain.
　　　　　　（主）　　（動）　　　主　動

(A) On 　　　　前　後ろに〈【主】＋【動】〉は続かない →×
(B) As soon as 「〜するとすぐに」後ろに〈【主】＋【動】〉が続く →〇
(C) Promptly 　副　文と文をつなぐことはできない →×
(D) In spite of 　　後ろに〈【主】＋【動】〉は続かない →×

＊ as soon as 〜「〜するとすぐに」のようにセットで接続詞の働きをする語句もあります。

(注意) and, but, or などは文と文だけでなく，語(句)と語(句)を結ぶこともできますよ。　**例** simple and easy / coffee or tea など

ポイント③ 主な従属接続詞の働きを覚えよう！

時	when, while「〜の間」, since「〜してから」, till [until]「〜までずっと」, as soon as , by the time「〜までに」
理由(原因)	because, since, as
結果	so (that)「その結果〜」, so [such] 〜 that ...「とても〜なので(その結果)…」
条件	if, unless (= if not)
目的	〈so that [in order that]＋主語＋ will [may]＋動詞〉「〜するために」
譲歩	though, although「〜だけれども」
対比	while, whereas「一方」

No.53
Your travel expenses will be reimbursed ------- you complete a reimbursement request form and submit it within thirty days of travel.

(A) about
(B) only if
(C) just
(D) even though

構文分析

Your travel expenses will be reimbursed
　　　　(主)　　　　　　　(動)

------- you complete a reimbursement request form
　　　　(主)　(動)　　　　(目) 払い戻し申請用紙

　　　　and
　　　　　　submit it (within thirty days of travel).
　　　　　　(動)　　(目)

覚えよう! 頻出単語&表現

- expense 名 費用, 出費, (-s)必要経費
- reimburse 動 (立て替え経費など)を払い戻す
- complete 動 ～を完成させる, (書類など)に記入して仕上げる
- reimbursement 名 払い戻し
- request 名 要請, 依頼　動 ～を要請する, 頼む
- form 名 用紙
- submit 動 (案・文書など)を提出する
- within 前 (時間・場所・程度など)の範囲内で, ～以内に

> **☆ここがポイント!**
>
> ◆ 前置詞 vs. 接続詞 { 〈前置詞＋名詞〉
>   〈接続詞＋主語＋動詞〉

選択肢の品詞は，ばらばらですね。選択肢に，前置詞と接続詞が混在している場合は，まず大まかな文構造をチェックしましょう！本問は，

$$\underbrace{\text{主語＋動詞}}_{A}\ 空所\ \underbrace{\langle\text{主語＋動詞}\rangle}_{B}.$$

となっています。したがって，空所には文Aと文Bをつなぐ接続詞が入ると予測できますね。

(A) aboutは前置詞なので，〈前置詞＋名詞〉という形で用います。**(C) just**は副詞なので，文と文をつなぐことはできません。残りの選択肢は接続詞です。文脈から判断して，**(B) only if**「〜の場合に限り（直訳：もし〜ならば，その場合のみ）」が正解となります。

訳

払い戻し請求書を記入し，30日以内にその用紙を提出した場合に限り，出張費の返金をします。

(A) about 前 〜について，〜に関して
(B) only if 接 〜の場合に限り
(C) just 副 ほんの，ちょうど
(D) even though 接 〜だけれども ＝ though, although 接
　　　　　　　＝〈in spite of ＋名詞〉，〈despite ＋名詞〉

正解 **(B)**

No.54
------- waiting for a train, Mr. Fisher checked the latest information on solar power generation on his cell phone.

(A) Upon
(B) As soon as
(C) By
(D) While

構文分析

------- waiting for a train,

Mr. Fisher checked the latest information
　(主)　　　　(動)　　　　　(目)

(on solar power generation) (on his cell phone).
　　　太陽光発電

覚えよう！ 頻出単語&表現

□ the latest 〜：最新の〜
□ information 名 (on 〜)(〜に関する)情報

> ★ここがポイント!
>
> ◆ { when / while } + (主語＋be動詞) + ~ing
>   　　　　　　　　　省略　「～する時，
>   　　　　　　　　　　　　～している間に」

選択肢に前置詞と接続詞が混在していますね。文構造をチェックしましょう。

　　　空所 -ing, (主語＋動詞).

(A) Upon や **(C)** By を選択し，〈前置詞＋-ing（動名詞）〉の形になる！と考えた方もいるでしょう。しかし，本問では，文脈上適切ではありません（参照 選択肢の和訳欄）。

(B) As soon as は接続詞の働きをし，後ろに〈主語＋動詞〉が続きますので，不適切ですね。

(D) While は2つの出来事が同時に起こっていることを表す接続詞で「～の間に」という意味を表します。ここで重要なポイントですが，〈while＋主語＋be動詞＋-ing〉の形になるとき，〈主語＋be動詞〉は省略できます。〈while ＋ -ing〉「～している間に」はTOEIC頻出パターンですよ！

訳

電車を待っている間，Fisher氏は携帯電話で太陽光発電に関する最新情報をチェックした。

(A) Upon 前 〈upon [on]＋-ing〉：～するとすぐに
(B) As soon as：～するとすぐに
(C) By 前 〈by＋-ing〉：～することによって（方法を表す）
(D) While 接 ～の間に，～の間じゅうずっと，～である一方

正解　(D)

No.55
Eating organic vegetables is more costly, ------- more nutritious than eating conventionally-grown ones, Addison Barnes, public relations manager of Lee's Organics, said in a magazine interview.

(A) in spite of
(B) but
(C) so
(D) because

構文分析

Eating organic vegetables is
　　(主)動名詞のかたまり　　　(動)

more costly, -------

more nutritious than eating conventionally-grown ones,
　　　　　　　　　　　　　従来のやり方で栽培された　vegetables

Addison Barnes , (public relations manager of
　　(主)　　　　　　＝

Lee's Organics), said (in a magazine interview).
　　　　　　　　　(動)

頻出単語&表現

- costly 形 費用がかかる，値段が高い
- nutritious 形 栄養のある
- conventionally 副 伝統的な仕方で，伝統的に
  ▶ conventional 形 伝統的な，従来の，型にはまった
- public relations 名 広報活動

> **ここがポイント！**
>
> ◆（対照・意外性を表す but）A but B「AだけどB」
>   Simple but powerful

前置詞と接続詞が混在しているパターンですので，文構造をチェックしましょう。空所の後ろは more nutritious，これは〈more＋形容詞〉ですね。

(A) in spite of は後ろに名詞を伴います。(C) so と (D) because は文と文をつなぐ接続詞ですから，後ろに〈主語＋動詞〉を伴います。どちらも正解の候補から外れますね。

正解は語句と語句をつなぐことができる接続詞 (B) but となります。but は 例 He is rich, but stingy.「リッチだけどケチ」のように，「対照や意外性」を表す接続詞で，ここでは more costly と more nutritious をつないでいますよ。

訳

従来のやり方で栽培された野菜よりも有機栽培された野菜を食べるほうが費用はかかるけれども栄養価は高いと，Lee's Organics 社の広報部長である Addison Barnes は雑誌のインタビューで述べた。

(A) in spite of：〜にもかかわらず
  ＝〈despite＋名詞〉＝〈notwithstanding＋名詞〉
(B) but 接 A but B：(逆接を表す) A だが B
(C) so 接 (結果を表す) だから〜
(D) because 接 (理由を表す) 〜なので

正解 (B)

No.56
To download a copy of MBI Holding Annual Report for 2012, ------- in whole or in sections, please click on the links below.

(A) also
(B) either
(C) yet
(D) both

構文分析

(To download a copy of MBI Holding Annual Report for 2012),
〜するために（目的）

(------- in whole or in sections),

[please click on the links below]. …メインの文

覚えよう！ 頻出単語 & 表現

- □ annual report 名 年次報告書
- □ annual 形 年に一度の，一年間の
  - ▶ annually 副 年に一度
- □ below 副 下に　前 〜より下に

相関接続詞

- □ both A and B：AもBも
- □ either A or B：AかそれともB
- □ neither A nor B：AもBもどちらも〜ない
- □ not only A but also B：AだけでなくBも
  = not only [merely, simply] A but (also) B

> ☆ここがポイント！
>
> ◆ 相関接続詞（both A and B など）はセットで覚える！

　このようなタイプの問題は，3秒で解くことができるラッキー問題ですよ。選択肢に both, either, neither が含まれている場合は，まずは空所の後ろを見て and, or, nor の有無をチェックしてみましょう。

　空所の後ろに and があれば，both A and B「AもBも」，or があれば，either A or B「Aかそれとも B」，nor があれば neither A nor B「AもBもどちらも〜ない」となりますよ。AとBは，文法上対等な要素であるということに注意しましょう。

　本問は，空所の後ろに or がありますから，

either in whole	or	in sections
A		B

となります。AとBは〈前置詞＋名詞〉で文法上対等な要素になっていますね。

訳

　すべてのページまたは項目別に，MBI Holding 社の 2012 年度年次報告書をダウンロードする場合は，下記のリンクをクリックしてください。

(A) also 副 その上
(B) either 接 either A or B：Aかそれとも B
(C) yet 副（否定文で）まだ（〜ない）　接 しかし
(D) both 接 both A and B：AもBも

正解　(B)

入門編　14　接続詞のキホン

15 関係代名詞のキホン

関係代名詞は，**TOEIC頻出の文法事項**です。「9 代名詞のキホン」(ポイント①)で確認したように，**関係代名詞は代名詞の1つです**。何となく苦手…と感じているかもしれませんが，TOEICに出題される関係代名詞の問題は，基本的なものばかりです。ポイントを絞って学習していきましょう！

ポイント①　関係代名詞＝前の名詞について説明する

例 He is (a writer) (who has written many bestselling books).
　　　　　先行詞　　　関係代名詞

「彼は何冊ものベストセラー本を書いた作家である」

　関係代名詞 who 以下のかたまりは，後ろから名詞 writer を説明していますね。(「彼は作家である」→「どんな？」)
　関係代名詞によって説明される(直前の)名詞を，(先行詞)と呼びますよ。

ポイント②　関係代名詞の種類を覚える！

先行詞 ＼ 格	主格 〜は (he)	所有格 〜の (his)	目的格 〜を (him)
人	who	whose	whom
人以外	which	whose	which
人・人以外	that	——	that
なし	what	——	what

ポイント③ 接続詞＋代名詞＝関係代名詞

例 He is (a writer) (who has written many bestselling books).
は、2つの文を足したものですよ。

(He is a writer.) + (He has written many bestselling books.)

⇒ 先行詞 a writer →「人」を表す名詞
　　代名詞 He → 主語の働きをする「主格」
⇒ ポイント②の表で、「人」を先行詞にとり、「主格」(主語)の働きをする関係代名詞を確認してみましょう。who だとわかりますね。

関係代名詞 who は、代名詞 He の代わりをし、かつ2つの文をつなぐ「接続詞」的な役割を担っていると言えます。

ポイント④ 関係代名詞の問題を攻略！

問題 This is a novel ------- he has written.

【Step 1】 先行詞の種類をチェック！

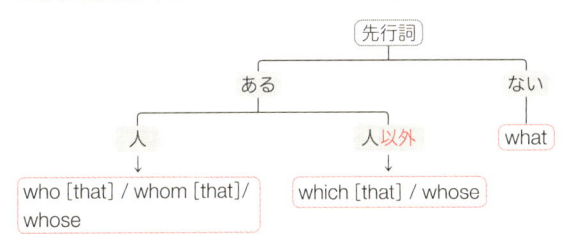

```
               先行詞
            /        \
          ある         ない
         /    \         |
        人    人以外    what
        ↓      ↓
  who [that]    which [that] / whose
  / whom [that]
  / whose
```

解説 先行詞は a novel「小説」→ 人以外ですね。

【Step 2】 空所の後ろをチェック！ 抜けているものを補う！

This is a novel ------- he has written _____ .
　　　　　　　　　　　 (主)　(動)　　(目)

解説 write の目的語が抜けているので関係代名詞は目的格が入ります。正解は which [that] です。

No.57
Huan Wang in the general affairs department has disposed of some computers ------- have not been used in the past few years and are no longer needed.

(A) who
(B) whose
(C) what
(D) that

構文分析

Huan Wang (in the general affairs department)
主

has disposed of [some computers]
動　　　　　　　　　目

------- have not been used in the past few years
and
are no longer needed.

覚えよう！ 頻出単語 & 表現

□ general affairs department 名 総務部
□ dispose of ～：(不要な物など)を処分[処理]する
□ in the past [last] few years：この数年において
□ no longer：もはや ～ない

> **ここがポイント！**
>
> ◆ 先行詞 = 人以外 + 空所 + 動詞
>   　　　　　　　　↳ which [that] (主格)

選択肢から，関係代名詞の問題かなと予想したら，まずは，**先行詞の種類と空所の後ろをチェック！**です。

先行詞 some computers は，「人以外」を表す名詞ですね。空所の後ろは，

$$\text{------- have not been used}$$
$$\text{(動)}$$

なので，「主語」が抜けています。「人以外」を先行詞にとり，「主格」(主語)の働きをする関係代名詞は **(D) that** ですね。

本問を2つの文に分解すると，次のようになりますので，確認しておいてくださいね。

① Huan Wang ... has disposed of some computers.
② They have not been used in the past few years ... .

訳

総務部の Huan Wang はこの数年使用しておらず，もう必要ないパソコンを処分した。

(A) who
(B) whose
(C) what
(D) that

格 先行詞	主格 (they)	所有格 (their)	目的格 (them)
人	who	whose	whom
人以外	which	whose	which
人・人以外	that	——	that
なし	what	——	what

正解 (D)

No.58
T.G. International Tower was designed by architect Elijah Ortiz, ------- buildings are characterized by an abundant supply of natural light through large windows.

(A) which
(B) who
(C) whose
(D) his

構文分析

T.G. International Tower was designed by architect Elijah Ortiz, ------- buildings are characterized by an abundant supply of natural light (through large windows).

主 / 動 / 主 / 動
abundant 豊富な　natural light 自然光

頻出単語 & 表現

- architect 名 建築家　▶ architecture 名 建築, 建築物
- be characterized by ～：～が特徴である
- supply 名 供給　動 ～を供給する
  * 〈supply + 物 + for [to] + 人〉=〈supply + 人 + with + 物〉
  (人)に(物)を供給する，提供する
- through 前 (通過・貫通を表す)～を通り抜けて，～を通して

> **ここがポイント！**
>
> ◆ 先行詞＝人 ＋ 空所＋名詞
> 　　　　　　　　　↳ whose（所有格）

選択肢は (D) his だけ人称代名詞ですね。本問は，

〈主語＋動詞〉, 空所＋〈主語＋動詞〉

という文構造なので，空所には文と文をつなぐ接続詞の働きをするものが入ります。(D) his は不適切ですね。

したがって，空所には接続詞の働きを持つ関係代名詞 (A)(B)(C) のどれかが入ることになります。まずは先行詞の種類と空所の後ろをチェック！でしたね。

先行詞 architect Elijah Ortiz「建築家 Elijah Ortiz」は「人」を表す名詞です。空所の後ろはどんな要素が抜けているでしょう？2つの文に分解して考えてみましょう。

① T.G. ... was designed by architect Elijah Ortiz.
② His buildings are characterized by ... .

所有格 His が抜けているので，所有格の関係代名詞 (C) whose が正解ですね。

訳

T.G. International Tower は建築家 Elijah Ortiz によって設計された。彼の建築物は大きな窓から自然光をふんだんに採り込んでいるという特徴がある。

(A) which
(B) who
(C) whose
(D) his

先行詞＼格	主格 (he)	所有格 (his)	目的格 (him)
人	who	whose	whom
人以外	which	whose	which
人・人以外	that	——	that
なし	what	——	what

正解 (C)

No.59

JCN Business Seminar, which is being held at the Wedge Conference Center on September 27, will help you figure out ------- makes your business unique and apply it to your business.

(A) what
(B) which
(C) that
(D) whom

構文分析

JCN Business Seminar ,

(which) is being held (at the Wedge Conference Center) (on September 27),

will help you ─ figure out ------- makes your business unique
　　　　　　　　　and
　　　　　　　　└ apply it to your business.

覚えよう！ 頻出単語 & 表現

- □ hold 動 (会議など)を開く　＊hold - held - held
- □ conference 名 (大規模な公式の)会議
- □ 〈help＋人＋(to)＋動詞の原形〉：人が〜するのを手伝う
- □ figure out 〜：〜を明らかにする，〜を理解する
- □ make A B：A を B にする
    ＊本問は，make your business unique の形
    　　　　　　　　　A　　　　　　　B
- □ apply 動 〜を応用する，〜を適用する

ここがポイント！

◆ 関係代名詞 what = the thing(s) that

例 I'm sorry for <u>the things</u> (<u>that</u> I said to you).
　　　　　　　　　先行詞　　関代
　　　　　　　　　　　＝
　　　　　　　what 「(～する)こと, もの」

選択肢から関係代名詞の問題かなと見当をつけたら, **先行詞と空所の後ろをチェック**ですよ！

まず, 直前に**先行詞にあたる名詞は見当たりません**ね。そして, 空所の後ろには動詞が続いているので「**主語**」が抜けていますね。

先行詞=なし, 「**主格**」の働きをする関係代名詞と言えば, **what** ということになります。

本問は, **what makes your business unique**「あなたのビジネスを独特なものにするもの」が figure out の目的語になっています。少し複雑な文に見えても, 関係代名詞の問題だ！とわかれば, ルール通りにチェックするだけで OK ですよ！

訳

JCN Business Seminar は 9 月 27 日に Wedge Conference Center にて行われます。このセミナーは, あなたのビジネスを独特なものにする要素について明らかにし, それをあなたのビジネスに活かすお手伝いをします。

(A) what
(B) which
(C) that
(D) whom

先行詞＼格	主格	所有格	目的格
人	who	whose	whom
人以外	which	whose	which
人・人以外	that	——	that
なし	what		what

正解 (A)

No.60
TEC Career Solutions' mission is to facilitate the interaction between ------- seeking employment and companies seeking employees by hosting job fairs on a regular basis.

(A) who
(B) what
(C) those
(D) they

構文分析

TEC Career Solutions' mission is to facilitate the interaction
　　　　　主　　　　　　　　　　動　　to do「〜すること」

between ------- (seeking employment)
　　　　and
　　　　companies (seeking employees)
　　　　　　　名詞＋〈現在分詞＋α〉「〜している名詞」

(by hosting job fairs on a regular basis).
by –ing　　　就職フェア
「〜することによって」

覚えよう！ 頻出単語 & 表現

- □ mission 名 任務，使命
- □ facilitate 動 〜を促す，〜を容易にする
- □ interaction 名 交流，相互作用
- □ seek 動 〜を探す，探し求める
- □ employment 名 （雇われて行う）仕事，雇用
- □ employee 名 従業員，社員
- □ host 動 （催しなど）を主催する
- □ on a regular basis：定期的に

ここがポイント！

◆ [those] (who are) looking for a job
   ↓= the people   省略 「仕事を探している人たち」

選択肢はすべて「代名詞」という共通点があります。まずは，空所前後の文構造をチェックしましょう。

```
between ------ (looking employment)     … A
        and
        companies (seeking employees)   … B
```

between A and B は「AとBとの間で」という意味ですが，AとBは文法上対等な要素である点が重要です。

Aの空所にはBと同様に，〈現在分詞＋α〉によって修飾される名詞(代名詞)が入ると考えられますね。選択肢の中で，〈現在分詞＋α〉によって修飾されることが可能なのは，不特定の人々(people)を表す(C) those です。本問は，those と seeking の間に関係代名詞 who と動詞 are が省略された形と考えてもいいですね。

訳

TEC Career Solutions 社の使命は，定期的に就職フェアを主催することによって，求職者と求人企業の交流を促進することである。

(A) who：関係代名詞
(B) what：関係代名詞
(C) those：指示代名詞〈those＋修飾語句〉：〜な人々，〜なもの
(D) they：人称代名詞：彼らは

正解 (C)

161

パワーアップ講義～文法の補足～②

☑ 〈前置詞＋名詞〉VS.〈接続詞＋主語＋動詞〉のまとめ

→ 入門編 No.51 参照

	〈前置詞＋名詞〉	〈接続詞＋主語＋動詞〉
～だけれども (譲歩)	despite / in spite of / notwithstanding	though / although
～なので	because of / due to	because
～する間	during	while
～するまでには	by	by the time

☑ 「原因・理由」と「結果」を結ぶ表現のまとめ

・結果が先にくる場合

例 The train was delayed { because it snowed heavily.
because of [due to] heavy snow.

【結果】 ← 【原因・理由】

「雪がひどく降っていたので，電車が遅れた」

・原因・理由が先にくる場合

A【原因・理由】 { cause 「～を引き起こす」
result in ～ 「(結果的に)～をもたらす」
lead to ～ 「(結果的に)～につながる」
bring about ～ 「(徐々に)～をもたらす」 } B【結果】

例 The introduction of the system will lead to more efficiency.

【原因・理由】 ────→ 【結果】

「そのシステムを導入すれば，もっと効率良くなるだろう」

実践編

> ここからの問題は文法項目に関係なく，ランダムに出題されますよ。入門編で学習してきた成果を存分に発揮してくださいね！

1日目

No.1
If sufficient market research had ------- before launching the new products, things could have gone differently.

(A) conduct
(B) conducted
(C) been conducted
(D) was conducted

構文分析

(If sufficient market research had -------
　　　　(主)　　　　　　　　　(動)

before launching the new products),
〈before＋動名詞〉「〜する前に」

things could have gone differently.
(主) 状況　　　　(動)

覚えよう！ 頻出単語＆表現

- 〈If＋主語＋had＋過去分詞 〜, 主語＋would［could］have＋過去分詞 … .〉：
  (あの時)〜だったら，…だったのに (仮定法)
- sufficient 形 十分な　類 enough
- market research 名 市場調査
- launch 動 (新製品など)を発売する，〜を開始する
- product 名 製品

ここがポイント!

◆「態」の特定
→ 空所の後ろを見て、目的語の有無をチェック！

選択肢のconductは「(調査など)を行う」という意味の他動詞です。**選択肢に能動態と受動態が含まれている場合，空所の後ろに着目して，目的語の有無をチェックしましょう。**本問は，**空所の後ろに目的語がないので，受動態が適切**ですね。正解の候補は(C)と(D)ですが，hadの後の動詞は過去分詞なので，正解は(C) been conductedになります。

さて，本問では仮定法が用いられています。

> If + 主語 + had + 過去分詞 〜,
> 主語 + would [could] have + 過去分詞 … .

これは，「(あの時)〜だったら，…だったのになあ」と，**過去に実現しなかった事柄についての想像や仮定を表します**よ。

訳

新製品を出す前に、十分な市場調査が行われていたら、状況は異なったものになっていただろう。

(A) conduct 動 (調査など)を行う：原形
(B) conducted：過去形・過去分詞
(C) been conducted：⟨been + 過去分詞⟩(受動態)
(D) was conducted：過去形(受動態)

正解 (C)

チェック！ P.23,33

No.2
The Morgan Real Estate Market Report, published ------- for corporate subscribers, provides the latest information on commercial property investment in New York.

(A) exclude
(B) excluding
(C) exclusive
(D) exclusively

構文分析

The Morgan Real Estate Market Report ,
(published ------- for corporate subscribers),
法人(組織)の
provides the latest information (on commercial
商業の
property investment) (in New York).

頻出単語 & 表現

- □ real estate 名 不動産　類 property
- □ publish 動 ～を出版する　▶ publication 名 出版
- □ subscriber 名 購読者, 加入者
  - ▶ subscribe 動 定期購読する, 予約する
  - ▶ subscription 名 購読, 加入
- □ provide 動 (必要なもの)を提供する
- □ the latest ～ : 最新の～
- □ investment 名 投資　＊invest 動 (in ～)(～に)投資する

ここがポイント！

◆ 〔品詞問題〕空所がなくても文が成立する場合
  → 名詞を修飾する **形容詞**
    or
  → 名詞**以外**を修飾する**副詞**が入る

適切な品詞を選ぶ問題ですね。文の基本構造を確認しましょう。

> The ~ Report provides the latest information ...
>   (主)   (動)   (目)

続いて，カンマではさまれた箇所を見ていきましょう。ここは主語を説明していますよ。

> published ------- for corporate subscribers
> 発行された   ～のために   法人購読者

空所がなくても意味がわかりますね。品詞問題で，空所がなくても文が成立する場合，名詞を修飾する 形容詞 か 名詞以外を修飾する 副詞 が入ります。本問は for ~ subscribers を修飾する副詞 (D)exclusively(=only)が適切です。

訳

法人購読者だけに発行されている Morgan Real Estate Market Report は，ニューヨークにおける商業不動産投資に関する最新の情報を提供している。

(A) exclude 動 ～を排除する，～を除外する
(B) excluding：現在分詞・動名詞
    前 ～を除く ⇔ including 前 ～を含む
(C) exclusive 形 限定の，専用の，独占的な
(D) exclusively 副 限定で，独占的に

正解 (D) チェック！ P.115,119

No.3
Based in Singapore and founded in 2008, JIT Design offers a wide range of well-designed and functional websites at a competitive price, with an emphasis ------- strategic production planning.

(A) off
(B) on
(C) around
(D) from

構文分析

(Based in Singapore and founded in 2008), JIT Design offers
　　　　　　　　　　　　　　　　　　　　　　　　　　　　主　　動

a wide range of well-designed and functional websites
　　　　　　　　　　　　　　目

(at a competitive price),
　　　低価格で

(with an emphasis ------- strategic production planning).

覚えよう！ 頻出単語&表現

□ (be) based in [at] ～：～に本拠地(本部・本社)を置く
□ found 動 (会社など)を設立する
□ offer 動 (サービスなど)を提供する, (援助など)を申し出る
□ a wide range of ～：幅広い～, 広範囲にわたる～
□ functional 形 機能的な, 機能を果たせる
□ competitive 形 競争力のある, (価格などが)他より安い
□ emphasis 名 (on ～)(～に)重点を置くこと, 強調すること
□ strategic 形 戦略的な

ここがポイント！

◆ [前置詞の問題] … 核となるイメージをヒントに解く！

選択肢はすべて前置詞ですね。名詞 emphasis「重点を置くこと，強調すること」の後ろに続く前置詞として適切なものを選ぶ問題ですよ。

前置詞が持つ核となるイメージをもとに正解に迫っていきましょう。

(A) off：「〜から離れて」という「分離」
(B) on：「〜にくっついて」という「接触」
(C) around：「何かをぐるっと囲む」→「〜のまわりを」
(D) from：「起点から出発して離れる」→「〜から」

「何かに重点を置く」ということは、「集中的に何かに意識を向け、そこから離れないこと」を意味するわけですから、「何かとくっついている」ことを表す (B) on が適切ですね。

例 put [place] an emphasis on 〜
「〜に重点を置く，強調する」

訳

シンガポールを本拠地とし，2008年に設立されたJIT Design社は，デザイン性が高く機能的なウェブサイトを低価格で幅広く提供しており，戦略的な制作計画に重きを置いている。

(A) off 前 〜から離れて
(B) on 前 〜に（くっついて）
(C) around 前 〜のまわりを
(D) from 前 〜から

正解 (B)
チェック！ P.133

No.4
Software developed recently by CR Technologies, ------- enables patients to contact medical professionals over the Internet, has gained a lot of attention.

(A) it
(B) that
(C) which
(D) whom

構文分析

Software (developed recently by CR Technologies),
  名詞+〈過去分詞+α〉「~された名詞」
  主

------- enables patients to contact medical professionals over the Internet,
  Softwareについての補足説明

has gained a lot of attention.
  動   目

頻出単語&表現 覚えよう!

- develop 動 (製品など)を開発する、(能力・事業など)を高める
- recently 副 最近
- enable A to do : Aが~することを可能にする
- patient 名 患者
- contact 動 (人)と連絡をとる
- medical 形 医療の、医学の
- gain 動 ~を獲得する、(利益)を得る 名 利益
- attention 名 注意、注目

ここがポイント！

◆ 先行詞 = software → 人以外

◆ 空所 + 動詞〜 → 空所 = 主語の働きをするもの

選択肢から，関係代名詞の問題だと予想がつきますね。先行詞と空所の後ろをチェックしましょう。

文の基本構造を確認すると，先行詞は software で，「人以外」だとわかります。空所の後ろは，動詞 enables が続いているので，空所には主語の働きをする関係代名詞が入りますね。

したがって正解の候補は (B) that と (C) which に絞られますが，関係代名詞 that の前にカンマをつけることは文法上正しくないとされていますので，本問は (C) which が正解です。2つの文に分解して確認しておきましょう。

① **Software** (developed 〜 Technologies) **has gained a lot of attention.**
② **It** enables patients to contact medical professionals over the Internet.

訳

CR Technologies 社によって最近開発されたソフトウェアは，インターネット上で患者が医療の専門家と接点を持つことを可能にするもので，大変注目を集めている。

(A) it
(B) that
(C) which
(D) whom

先行詞＼格	主格(it)	所有格(its)	目的格(it)
人	who	whose	whom
人以外	which	whose	which
人・人以外	that	——	that
なし	what	——	what

正解 (C)

No.5
M&S Steel Plant has introduced new safety guidelines to enhance the safety of employees and ------- similar accidents from happening.

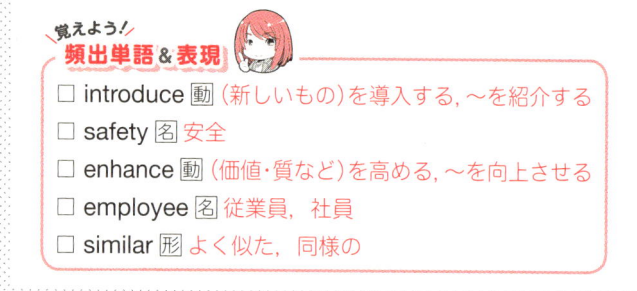

(A) report
(B) refrain
(C) prevent
(D) investigate

構文分析

M&S Steel Plant [主] has introduced [動] new safety guidelines [目]

(to ┌ enhance the safety of employees
    │ and
    └ ------- similar accidents from happening).

〜するために(目的)

覚えよう! 頻出単語 & 表現

- □ introduce 動 (新しいもの)を導入する, 〜を紹介する
- □ safety 名 安全
- □ enhance 動 (価値・質など)を高める, 〜を向上させる
- □ employee 名 従業員, 社員
- □ similar 形 よく似た, 同様の

> **ここがポイント！**
>
> ◆ prevent vs. refrain
> prevent A from -ing / refrain from -ing
> ↳ 目的語が必要　　　　↳ 目的語 ✕

適切な動詞を選ぶ問題ですね。空所の後方にある from happening に着目できましたか？選択肢の中で, from -ing を伴う動詞は (B) refrain と (C) prevent です。

(B) は, refrain from -ing の形で「〜することを控える」という意味を表し, 直後に目的語となる名詞を伴いません。一方, (C) は prevent A from -ing の形で「A が〜するのを妨げる, 防ぐ」という意味を表し, 直後に目的語となる名詞を伴います。

本問は, 空所の後ろに accidents という名詞があるため, (C) prevent が適切ですね。「同じような事故が起こることを防ぐ（ために）」という意味になり, 文脈にも合いますね。

訳

M&S Steel Plant 社は, 従業員の安全性を向上させ, 事故の再発を防ぐために, 新しい安全ガイドラインを導入した。

(A) report 動 〜を報告する
(B) refrain：refrain from -ing：〜することを控える
(C) prevent：prevent A from -ing：A が〜するのを妨げる, 防ぐ
(D) investigate 動 （事件・事故など）を調査する

正解 (C)

2日目

No.6
Employees of Clement Hotels are ------- to receive a discounted room rate at any of our owned, managed or franchised hotels.

(A) eligible
(B) possible
(C) capable
(D) accessible

構文分析

Employees (of Clement Hotels)
　主

are ------- to receive a discounted room rate
動　　　　　　　　　　　　　　　宿泊料金

(at any of our owned, managed or franchised hotels).
　　　　　　　〈過去分詞＋名詞〉「〜された名詞」

覚えよう! 頻出単語&表現

- □ employee 名 従業員，社員
- □ receive 動 (物)を受け取る，(教育・待遇など)を受ける
- □ rate 名 割合，料金
  - ＊discounted rate 名 割引料金
- □ own 動 〜を所有する
  - ▶ owner 名 オーナー，所有者
- □ manage 動 (組織など)を管理する，経営する，(扱いにくい物事)をうまく処理する

ここがポイント！

◆ 頻出パターン：〈be動詞＋形容詞＋to do〉

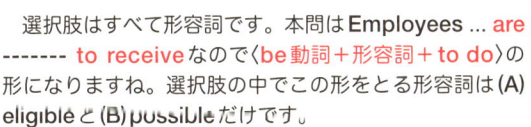

選択肢はすべて形容詞です。本問は Employees ... are ------- to receive なので〈be動詞＋形容詞＋to do〉の形になりますね。選択肢の中でこの形をとる形容詞は (A) eligible と (B) possible だけです。

(A) は be eligible to do で「〜する資格がある」という意味を表し、「人」が主語になります。一方、(B) は「人」を主語にとることができないので、〈It is possible (for＋人) to do〉「(人には)〜することが可能である」の形で用います。本問は Employees が主語なので (A) eligible が正解となりますよ。

〈be動詞＋形容詞＋to do〉の形をとる頻出形容詞を覚えておきましょう。
- be eager to do 「〜したがる」
- be qualified to do 「〜する資格がある」
- be willing to do 「〜する意思がある」
- Be sure to do （命令文で）「必ず〜してください」

訳

Clement Hotels の従業員は、当社が所有・管理・フランチャイズ化しているすべてのホテルで、宿泊料金の割引を受ける資格がある。

(A) eligible 形 be eligible to do：〜する資格がある
(B) possible 形 〈It is possible (for＋人) to do〉：(人には)〜することが可能である
(C) capable 形 be capable of -ing：〜する能力がある
(D) accessible 形 〈be accessible to＋人〉：(人)にとって(簡単に)手に入る

正解 (A)

No.7
Brown's Beach Restaurant revises its menu ------- two months to attract and retain more customers.

(A) each
(B) another
(C) every
(D) any

構文分析

Brown's Beach Restaurant revises its menu -------
　　　　(主)　　　　　　　　(動)　　(目)

two months (to attract and retain more customers).
　　　　　　～するために(目的)

頻出単語&表現

- □ revise 動 ～を見直す，(原稿など)を改訂[修正]する
  - ▶ revision 名 見直し，改訂[修正]
- □ attract 動 ～を引きつける，～を呼び寄せる
  - ▶ attractive 形 人を引きつける，魅力的な
  - ▶ attraction 名 人を引きつける物[人]，アトラクション
- □ retain 動 ～を保持する，～を保管する　類 keep
- □ customer 名 顧客

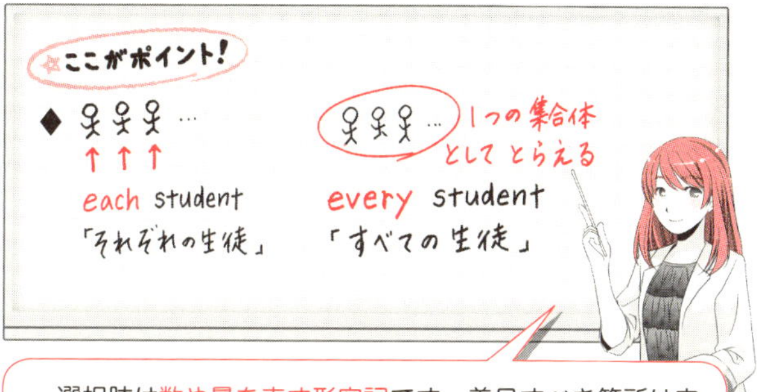

> ☆ ここがポイント!
>
> ◆ 😊😊😊…
>   ↑ ↑ ↑
>   each student
>   「それぞれの生徒」
>
> 😊😊😊… 1つの集合体としてとらえる
> every student
> 「すべての生徒」

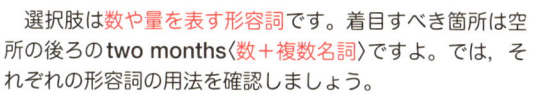

選択肢は数や量を表す形容詞です。着目すべき箇所は空所の後ろのtwo months〈数＋複数名詞〉ですよ。では，それぞれの形容詞の用法を確認しましょう。

(A)〈each＋単数名詞〉の形で使います。

(B)〈another＋数＋複数名詞〉で「(追加して)もう～」。
例 I will wait another two weeks .「もう2週間待つ」のように使います。本問では，文意が成立しませんね。

(C)〈every＋数＋複数名詞〉で「～ごとに」。everyは「複数あるものをまるっと1つの集合体としてとらえる」語です。本問では, two months をひとつのかたまりとしてとらえ, every two months で「2カ月ごとに」という意味を表しています。通常，〈every＋単数名詞〉「すべての～」の形で用いるので, 後ろに複数名詞を伴う表現は特に注意が必要です!

(D) any の後ろには単数・複数両方の名詞がきますが，文意が成立しませんね。

訳

Brown's Beach Restaurantは，より多くの顧客を引きつけ維持するために，2カ月ごとにメニューを改訂している。

(A) each 形〈each＋単数名詞〉: それぞれの～，各～
(B) another 形〈another＋数＋複数名詞〉: (追加して)もう～
(C) every 形〈every＋数＋複数名詞〉: ～ごとに
(D) any 形〈any＋単数/複数名詞〉(肯定文) どんな～も
　　　 (否定文) 1人[1つ]も～ない

正解 (C)

No.8

------- you are planning a wedding, a reunion banquet, or an annual board meeting, the Rosen Plaza Hotel will ensure a smooth and successful event.

(A) Whether
(B) Unless
(C) Although
(D) That

構文分析

```
------- you   are planning  a wedding,              …A
        (主)   (動)          a reunion banquet,     …B
                       or    同窓会の宴会
                             an annual board meeting, …C
the Rosen Plaza Hotel  will ensure  a smooth and
        (主)               (動)        (目)
successful event.
```

頻出単語 & 表現

- □ banquet 名 (フォーマルな)宴会
- □ annual 形 年に一度の, 一年間の
- □ board meeting 名 取締役会
- □ ensure 動 〜を保証する, 〜を請け合う
- □ smooth 形 (操作・進行などが)順調な, 円滑な
  - ▶ smoothly 副 順調に, 円滑に
- □ successful 形 成功した, うまくいく

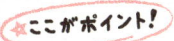

> ☆ここがポイント！
>
> ◆ whether(接) { A or B 「AであろうとBであろうと」
>   A or not 「Aであろうとなかろうと」

　選択肢から接続詞の問題だとわかりますね。着目すべきポイントは，空所を含む文が**メインとなる文（主節）の前に置かれている**という点と，空所の後ろに **A, B, or C** という形が続いている点です。

> ------- you are planning A, B, or C , (主語＋動詞).
> 　　　　　　　　　　　　　　　　　　　　　主節

　原則として，主節の前にある情報は，副詞の働きをします。したがって，名詞のかたまり（名詞節）をつくる接続詞 **(D) That** を空所に入れることはできませんね。
　(A) Whether は，whether A or B「AであろうとBであろうと」，whether A or not「Aであろうとなかろうと」という意味を表し，文脈にも合うので正解となります。

訳

　結婚式，同窓会の宴会，年次取締役会を問わず，Rosen Plaza Hotel はイベントを円滑に成功させることを保証致します。

(A) Whether 接 whether A or B：AであろうとBであろうと
(B) Unless 接 ～でなければ，～でない限り（= if not）
(C) Although 接 ～にもかかわらず，～だけれども（譲歩を表す）
(D) That 接 ～ということ（名詞節をつくる）

正解　(A)

No.9

------- close to ARC Arts Center, Miller's Grande Vista is a contemporary and stylish hotel with a wide variety of amenities including swimming pools and gyms.

(A) situates
(B) situated
(C) situating
(D) to situate

構文分析

------- close to ARC Arts Center ,
　　　　分詞構文

Miller's Grande Vista is a contemporary and stylish hotel
　　　　主　　　　　　動

(with a wide variety of amenities
including swimming pools and gyms).

頻出単語 & 表現

- □ close to ～ : (空間・数値などが)～に近い
- □ contemporary 形 現代の　類 modern
- □ a wide variety of ～ : さまざまな種類の～
    類 a large range [selection] of ～
- □ amenity 名 生活を便利[快適]にするもの[設備・施設]
- □ including 前 ～を含む ⇔ excluding 前 ～を除く

ここがポイント！

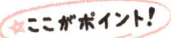

◆ Our new office is { situated / located } at 124 Carter Street.
　　　建物　　　　　　　　　受動態　　　　　　　場所

適切な動詞の形を選ぶ問題ですね。situate は「〜を（ある場所に）置く」という意味です。空所の後ろに着目すると，目的語となる名詞がないので (A)(C)(D) は不適切ですね。

したがって，正解は過去分詞 (B) situated となります。本問は分詞構文で，主語 Miller's Grande Vista は「ARC Arts Center の近くに」「置かれている」という受動の意味を表します。過去分詞の前には Being が省略されていますよ。

situate は locate と同義で，〈建物＋ be situated ＋場所〉の形で「建物は（場所）にある，位置している」の意味を表しますよ。

訳

Miller's Grande Vista は，ARC Arts Center の近くにあり，プールやジムなどのさまざまな娯楽施設を備えた現代的でスタイリッシュなホテルです。

(A) situates：situate 動 〜を（ある場所に）置く：3人称単数現在形
(B) situated：過去形・過去分詞
(C) situating：現在分詞・動名詞
(D) to situate：to 不定詞

正解 (B)

No.10
Laura Segura was given the Best Sales Representative Award because she has greatly helped Grenn S. Shoes double ------- sales from the previous year.

(A) it
(B) its
(C) itself
(D) of its own

構文分析

Laura Segura (主) was given (動) the Best Sales Representative Award (目) (because she (主) has (greatly) helped (動) Grenn S. Shoes (目) double ------- sales from the previous year (前年)).

覚えよう！ 頻出単語 & 表現

- □ sales representative 名 営業マン, 販売員
- □ award 名 賞
  - ＊award A B 動 A(人)にB(賞など)を与える
  - ＝ award B to A
- □ 〈help＋人＋(to)＋動詞の原形〉: (人)が〜するのを手伝う
- □ double 動 〜を2倍にする　形 2倍の, 二重の
- □ sales 名 売り上げ
- □ previous 形 前の, 以前の ⇔ following 形 次の

ここがポイント！

◆ 頻出パターン：〈他動詞 + 所有格 + 名詞〉
　　　　　　　　　　　　↳ 目的語

人称代名詞の適切な格を選ぶ問題です。空所の前後に着目してみましょう。

helped (Grenn S. Shoes) double ------- sales
　　　　　　A　　　　　　　↳ 品詞は？

　doubleを「2倍の，二重の」という意味の形容詞と考えられた方は，混乱してしまったかもしれませんね。本問の**double**は「～を2倍にする」という意味の**動詞**です。〈help + 人 + (to) + 動詞の原形〉「(人)が～するのを手伝う」という形から判断しますよ。

　したがって，空所の後ろのsalesは**動詞doubleの目的語**となります。空所には，名詞sales「売り上げ」を修飾する**所有格**が入りますね。**(B) its**が正解です。

訳

　Laura Seguraは，Grenn S. Shoes社が前年より売り上げを2倍に増やすのに大いに貢献したという理由で最優秀販売員賞を授与された。

(A) it：主格「～は」，目的格「～を，～に」
(B) its：所有格「～の」
(C) itself：再帰代名詞「～自身，～自体」
(D) of its own：〈名詞 + of one's own〉：自分(自身)の～

正解　(B)

チェック！P.95

3日目

No.11
Hans Rogers, a world-renowned -------, has been requested to design the new Haldimand Art Gallery, which is scheduled to open in November 2015.

(A) architecture
(B) architecturally
(C) architectural
(D) architect

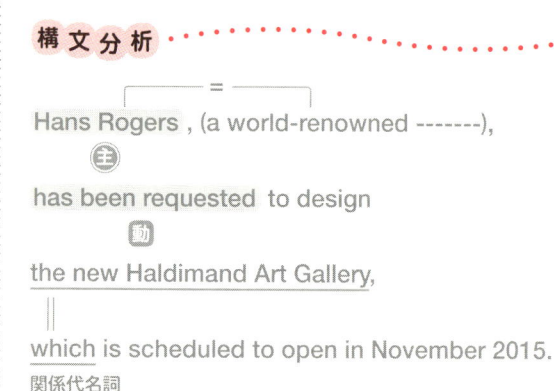

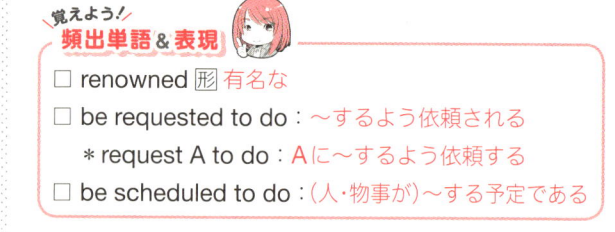

構文分析

Hans Rogers , (a world-renowned -------),
　　　　　　　　　　　　　　　　　=

has been requested to design

the new Haldimand Art Gallery,

which is scheduled to open in November 2015.
関係代名詞

覚えよう！ 頻出単語 & 表現

- renowned 形 有名な
- be requested to do：〜するよう依頼される
  * request A to do：Aに〜するよう依頼する
- be scheduled to do：(人・物事が)〜する予定である

ここがポイント！

◆ <u>architecture</u> vs. <u>architect</u>
　名 建築(・学/技術/物)　　　名 建築家

選択肢から適切な品詞の単語を選ぶ問題だとわかりますね。

主語 **Hans Rogers** と動詞 **has been requested** にはさまれた箇所は，〈a＋形容詞＋------〉という形ですね。ここは，直前の主語（人）についての補足説明なので，空所には「人」を表す名詞が入りますよ。正解は **(D) architect**「建築家」です。

(A) architecture も名詞ですが，「建築，建築学，建築技術，建築物」という意味なので，不適切ですね。

本問は，入門編 **No.29** の critic「評論家」と同様に，「職業を表すまぎらわしい名詞」の問題ですよ！

訳

Hans Rogers は世界的に有名な建築家で，2015年11月に開館予定の Haldimand Art Gallery の設計を依頼された。

(A) architecture 名 建築，建築学，建築技術，建築物
(B) architecturally 副 建築上
(C) architectural 形 建築上の
(D) architect 名 建築家

正解 (D)　チェック！ P.85

No.12

After ------- his career at C.P. International Bank for more than 25 years, Steve Curtis was appointed Chief Finance Officer of KIB Corporation in October 2013.

(A) complete
(B) completed
(C) completing
(D) completion

構文分析

After ------- his career at C.P. International Bank for more than 25 years,

Steve Curtis was appointed Chief Finance Officer
　　主　　　　　動

of KIB Corporation in October 2013.

覚えよう！ 頻出単語 & 表現

- more than 〜 : 〜以上 (= over)
- appoint A B : A(人)をB(役職)に任命する
  例 appoint him (to be) sales manager
    = appoint him as sales manager
    「彼を営業部長に任命する」
- corporation 名 企業(法人化された企業)

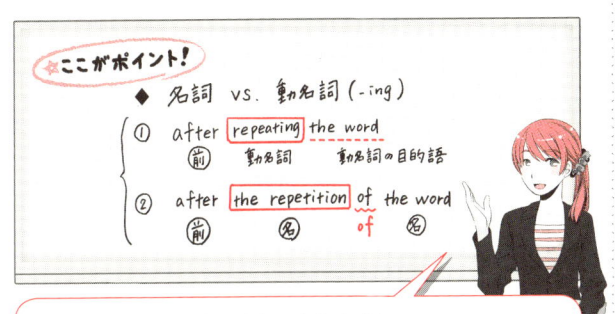

ここがポイント！

◆ 名詞 vs. 動名詞 (-ing)

① after [repeating] the word
　　前　　　動名詞　　動名詞の目的語

② after [the repetition] of the word
　　前　　　　名　　　of　　名

文全体の構造は次のようになりますね。

> After ------- [his career] ..., 〈主語＋動詞〉.

前置詞afterの後ろには名詞か動名詞が続きますね。〈前置詞＋-------＋[所有格＋名詞]〉という形に着目して選択肢を確認していきましょう。

(A)completeや(B)completedは〈[所有格]＋形容詞／過去分詞＋[名詞]〉という語順で用いるので不適切です。
例 my stolen bike「私の盗まれたバイク」

(C)After completing his career は，〈前置詞＋動名詞＋動名詞の目的語〉という形になり，文意もバッチリです。

(D)はAfter the completion of his careerという形で使います。

訳

Steve CurtisはC.P. International Bankでの25年以上におよぶキャリアを終えた後，2013年10月にKIB Corporationの最高財務責任者に任命された。

(A) complete 動 ～を完成させる，(書類など)に記入して仕上げる
　　　　　　 形 完成した，全部そろっている
(B) completed：過去形・過去分詞
(C) completing：現在分詞・動名詞
(D) completion 名 完成，完了，終了

正解 (C)　チェック! P.53

No.13
In addition to a competitive salary, Y&I Publishing offers its employees a comprehensive ------- package, including health care insurance, a retirement savings plan, paid holidays, and others.

(A) benefits
(B) advantages
(C) gains
(D) profits

構文分析

(In addition to a competitive salary), Y&I Publishing offers
　〜に加えて　　　　　　　　　　　　　　　　　　主　　　　　　動

its employees a comprehensive ------- package, (including
　　Ⓞ A　　　　　　　　　　　Ⓞ B

health care insurance, a retirement savings plan,
　　　　①　　　　　　　　　　　　②

paid holidays, and others).
　　　③　　　　　　〜など

覚えよう! 頻出単語 & 表現

- competitive 形 競争力のある, 張り合える
- offer A B: A(人)にBを提供する, 申し出る
  = offer B to A
- employee 名 従業員, 社員
- comprehensive 形 総合的な, 広範囲にわたる, 幅広い
- including 前 〜を含む ⇔ excluding 前 〜を除く
- insurance 名 保険　□ retirement 名 退職, 引退
- saving 名 貯蓄, 節約

> **ここがポイント!**
>
> ◆ 頻出名詞：benefit
>   …（通常、**複数形で**）給付、手当て

選択肢はすべて「利益」や「利点」という意味を表す名詞なので、同義語の問題と言えますね。では、文の基本構造を確認しましょう。

In addition to ～, 主 + offers A B, including ①②③.
「～に加えて、主はAに、①②③を含むBを提供する」

including 以下の①「健康保険」、②「退職貯蓄制度」、③「有給休暇」に着目すると、空所を含むBはbenefits package「福利厚生」だと結論づけることができますね。

名詞 benefit は「利益」という意味ですが、通常、複数形で「保険金などの給付金」や「国などからの手当」という意味を表します。頻出単語なので、しっかり覚えておきましょう！

実践編 3日目

訳

Y&I Publishing 社は、他社に引けを取らない額の給与の上に、健康保険、退職貯蓄制度、有給休暇などを含む広範囲にわたる福利厚生を従業員に提供している。

(A) benefit(s) 图 利益、（複数形で）給付金、手当、福利厚生
(B) advantage(s) 图 利点、長所 ⇔ disadvantage 图 不利な点、欠陥
(C) gain(s) 图 売買益、利益、（努力や労働によって）獲得（したもの）
(D) profit(s) 图 利益
　　＊収益（revenues）から費用（expenses）を差し引いた残り

正解 (A)

No.14
NC Business Center offers a ten-day intensive training program ------- on business skills such as logical thinking, problem solving skills, basic presentation, case analysis, and self-management.

(A) depending
(B) providing
(C) involving
(D) focusing

構文分析

NC Business Center offers
（主）　　　　　　　　　（動）

a ten-day intensive training program
（目）

(------- on business skills such as logical thinking, problem solving skills, basic presentation, case analysis, and self-management).

覚えよう！ 頻出単語 & 表現

- offer 動 （サービスなど）を提供する，（援助など）を申し出る
- intensive 形 集中的な
- A such as B：BのようなA
- logical 形 論理的な
- analysis 名 分析
  ▶ analyst 名 アナリスト（事象を分析し，判断する専門家）
- management 名 管理，経営，経営陣

★ここがポイント！

◆ -ing → 動名詞（〜すること）…主, 目, 補になる
　　　　→ 現在分詞（〜する/している）
　　　　　…〈-ing + 名〉,〈名 + -ing + α〉

空所には -ing が入りますから，文の基本構造は次のようになりますね。

> 主 + 動 + a ... program (-ing on business skills 〜).
> 　　　　　目
> 　　　　　　　　〈現在分詞 + α〉「〜する名詞」

本問の -ing は，動名詞ではありません。動名詞は主語，目的語，補語，前置詞の目的語の位置に置かれるからです。したがって，本問の -ing は現在分詞で，〈現在分詞 + α〉の形で後ろから名詞 program を修飾しています。

では，空所の後ろの前置詞 on に着目しましょう。後ろに on を伴い文意が通るのは (D) focusing だけですね。

訳

NC Business Center は，論理的思考，問題解決，基本的なプレゼンテーション，事例分析，自己管理などのビジネススキルに焦点を当てた10日間にわたる集中トレーニングプログラムを提供している。

(A) depending：depend on 〜：（人など）に依存する
(B) providing：provide：（必要なもの）を提供する
(C) involving：involve：（必要なもの）を含む，（人）を関わらせる
(D) focusing：focus on 〜：〜に焦点を合わせる，〜に焦点を当てる

正解 (D)
チェック！P.69

No.15
DU Motors has expanded its ------- facilities in response to growing demand for eco-friendly cars including hybrids and electric vehicles.

(A) produce
(B) production
(C) product
(D) productively

構文分析

DU Motors has expanded its ------- facilities
(主)　　　　(動)　　　　　　　(目)

(in response to growing demand for eco-friendly cars
　　　　　　　　　　　　　　～の需要

including hybrids and electric vehicles).

覚えよう！ 頻出単語 & 表現

- □ expand 動 (事業など)を拡大する　▶ expansion 名 拡大
- □ facility 名 施設
- □ in response to～：～に応えて，～の結果
- □ grow 動 増大する，成長する
- □ demand 名 需要
   ＊meet demand：需要を満たす
- □ eco-friendly 形 環境に優しい[負担をかけない]
- □ including 前 ～を含む ⇔ excluding 前 ～を除く
- □ vehicle 名 乗り物，車，手段

ここがポイント！

◆ 頻出：**複合名詞** = 〈（名詞 ＋）名詞 ＋ 名詞〉

選択肢から適切な品詞の単語を選ぶ問題だとわかりますね。まずは，空所前後に着目しましょう。

> DU Motors has expanded its ------- facilities
> 　　(三)　　　　(動)　　　　　　　(三)

〈所有格＋-------＋名詞〉のかたまりが，expand「（事業など）を拡大する」の目的語になっていますね。

名詞 facilities「施設」とくっつき，expand の目的語になり得るのは (B) production「生産」です。**production facility** は〈名詞＋名詞〉の形で「生産施設」というひとつの意味のかたまり（＝複合名詞）をつくっています。

production を用いたその他の複合名詞を確認しておきましょう。

- production plant 　　「生産工場」
- production volume 　「生産量」
- production capacity 　「生産能力」

訳

DU Motors 社は，ハイブリッドカーや電気自動車などの環境に優しい車の需要が増えたことを受けて，生産工場を拡大した。

(A) produce 動 〜を生産する　名 農産物
(B) production 名 生産，生産[制作]したもの
(C) product 名 製品
(D) productively 副 生産的に

正解 (B)

パワーアップ講義〜文法の補足〜③

☑ 〈数や量を表す形容詞＋名詞〉のまとめ

	数えられる名詞につく	数えられない名詞につく
多い	many a lot of a number of not a few quite a few	much a lot of a great deal of not a little quite a little
いくらかの(漠然とした数や量を表す)	some / any	some / any
少しはある(肯定的)	a few	a little
ほとんどない(否定的)	few only a few	little only a little
全くない	no	no

注意 several「いくつかの」は数えられる名詞につきます。
〈several＋複数名詞〉とおさえておきましょう。
＊several questions, several different kinds of〜

☑ 〈動詞＋A＋前置詞＋B〉の形をとる頻出単語

1. **〈「与える」系の動詞＋A＋with＋B〉**
   provide [supply]「AにBを提供する」
   reward「Aに(報酬として)Bを与える」
   equip「AにB(必要な設備など)を装備する」
   ＊be equipped with 〜「〜が装備されている」

2. 〈「関連・結合」を表す動詞＋A＋with＋B〉
   combine 「AをBと組み合わせる」
   compare 「AをBと比較する」
   associate 「AとBを関連づける」
   ＊be associated with ～ 「～と関連している」

3. 〈動詞＋A＋for＋B〉「Bに意識を向けてAに～する」
   thank 「BのことでAに感謝する」
   reward 「Bを理由にAに報酬を与える」

4. 〈動詞＋A＋for＋B〉「AとBを交換する」
   exchange 「AとBを交換する」
   substitute 「Bの代わりにAを使う」
   pay 「B（もの）に対してA（金）を支払う」
   　（直訳：B（もの）と交換にA（金）を払う）

5. 〈動詞＋A＋to＋B〉（toは「方向・到達」を表す）
   devote 「A（時間・金・精力など）をBに捧げる」
   contribute 「A（金・援助・時間など）をBに提供する」
   attach 「A（書類など）をBに添付する」
   expose 「AをB（危険・風雨など）にさらす」
   ＊be exposed to ～ 「～にさらされる」
   restrict [limit] 「AをBに制限する」
   ＊be restricted [limited] to ～ 「～に制限[限定]されている」

6. 〈「変化」を表す動詞＋A＋into＋B〉
   change [convert, turn] 「AをBに変える」
   divide 「AをB（部分）に分ける」
   process 「Aを加工処理してBにする」

4日目

No.16
Elijah Sanders, sales manager, was favorably ------- with Mr. Sato's ability to communicate with customers in a professional and competent manner.

(A) impressive
(B) impression
(C) impressing
(D) impressed

構文分析

Elijah Sanders , (sales manager),
       主   =

was (favorably) ------- with Mr. Sato's ability
        動
(to communicate with customers in a professional and competent manner).

覚えよう！ 頻出単語 & 表現

- □ sales manager 名 販売部長
- □ favorably 副 好意的に，有利に
  - ▶ favorable 形 好意的な，有利な
- □ ability 名 能力
  - * ability to do：〜する能力
- □ communicate 動 (人と)意思の疎通を図る
- □ in a 〜 manner [way, fashion]：〜な仕方で
- □ competent 形 有能な

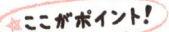

> **ここがポイント！**
>
> ◆ 感情を表す動詞 の
> - ing（現在分詞）
>   ↳（人）にある感情を与える側に用いる
> - ed（過去分詞）
>   ↳ある感情を与えられる側に用いる

選択肢は動詞impress「（人）に印象[感動]を与える」の派生語や変化形ですね。impressは感情を表す動詞です。主語Elijah Sandersは「印象を与えられる側」なので、**(D) impressed**が正解となります。

be impressed with [by] ～で、「～に関して印象[感動]を受ける[与えられる]」という意味の頻出表現ですよ。

訳

販売部長のElijah Sandersはプロ意識を持ち、有能な仕方で顧客と意思疎通を図る佐藤氏の能力に対して好印象を受けた。

(A) impressive 形 印象的な、見事な
(B) impression 名 印象
(C) impressing：impress 動（人）に印象[感動]を与える：現在分詞・動名詞
(D) impressed：過去形・過去分詞

正解 (D) チェック！ P.70,73

No.17

Comfortably equipped with all modern amenities yet ------- priced, Lily Park Hotel offers a warm and relaxing atmosphere.

(A) afford
(B) affordable
(C) affordably
(D) affordability

構文分析

(Comfortably equipped with all modern amenities yet
------- priced), Lily Park Hotel offers
a warm and relaxing atmosphere.

覚えよう！ 頻出単語 & 表現

- comfortably 副 快適に
  ▶ comfortable 形 快適な
- (be) equipped with ~ : ~を備え付けている
- amenity 名 生活を便利[快適]にするもの[設備・施設]
- yet 接 ~だけれども 類 but, however
- offer 動 (サービスなど)を提供する, (援助など)を申し出る
- atmosphere 名 雰囲気

> ★ここがポイント！
>
> ◆ 頻出フレーズ {affordably / reasonably} priced「お手頃価格の」

選択肢から適切な品詞を選ぶ問題だとわかりますね。本問は，affordably priced「お手頃価格の」という頻出フレーズが使われています。

このフレーズを知らなくても，空所の前にある等位接続詞yetをヒントに正解に迫りましょう。yetはand, or, butと同様に，前後に文法上対等な要素がきますよ。

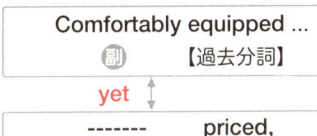

```
Comfortably     equipped ...
  (副)           【過去分詞】
         ↕ yet
-------          priced,
                 【過去分詞】
```

空所に副詞が入ることがわかりますね。したがって，語尾にlyがついている(C) affordablyが正解です。

訳

Lily Park Hotelは現代的な設備が過不足なく備わっているだけでなく，お手頃な料金で，温かくリラックスした雰囲気をお楽しみいただけます。

(A) afford 動 〜する余裕がある
(B) affordable 形 (物が)手頃な価格の
(C) affordably 副 手頃に
(D) affordability 名 値頃感

正解 (C)

No.18

In order to relieve traffic congestion, a new bridge will be constructed ------- to the existing Central Tower Bridge, scheduled for completion in 2017.

(A) adjacent
(B) nearly
(C) almost
(D) beside

構文分析

(In order to relieve traffic congestion),

a new bridge will be constructed
　　　　(主)　　　　　(動)

------- to the existing Central Tower Bridge,

scheduled for completion in 2017.

覚えよう！
頻出単語 & 表現

- [ ] in order to do：〜するために（目的）
- [ ] relieve 動 （苦痛・心配・問題など）を和らげる，緩和する
- [ ] traffic congestion [jam] 名 交通渋滞
- [ ] construct 動 （大きな建物・橋・道路など）を建設する
  ▶ construction 名 建設，建築物
- [ ] existing 形 現在ある，既存の，従来の
- [ ] (be) scheduled for：〜が予定されている
- [ ] completion 名 完成，完了，終了

ここがポイント！

◆ 同義語の問題
　… 意味ではなく「形」に着目して解く！

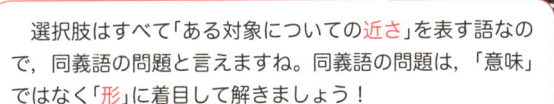

選択肢はすべて「ある対象についての近さ」を表す語なので，同義語の問題と言えますね。同義語の問題は，「意味」ではなく「形」に着目して解きましょう！

後ろに前置詞to ～を伴い，文意が通るのは (A) adjacent です。adjacent to ～ で「(建物など)に隣接した」という意味ですよ。類義表現と一緒に覚えておきましょう。

「AはBの隣に[近くに]ある」= A is { adjacent to / close to / next to / near / beside / by } B.

訳

交通渋滞を緩和するために，現在あるCentral Tower Bridgeの隣に新しい橋が建設され，2017年に完成する予定である。

(A) adjacent：adjacent to ～：(建物など)に隣接した
(B) nearly 副 ほとんど，もう少しのところで
　　　　＊否定を意味する語やanyを修飾できない
(C) almost 副 ほとんど(すべて)，もう少しで
(D) beside 前 ～の近くに

正解 (A)

No.19

The results of an Airline Survey ------- by a British market survey company were released yesterday.

(A) conduct
(B) conducts
(C) conducting
(D) conducted

構文分析

名詞＋〈過去分詞＋α〉「～された名詞」

The results (of an Airline Survey) (------- by a British market survey company) were released yesterday.

覚えよう！ 頻出単語＆表現

- [ ] result 名 結果
- [ ] survey 名（意見・考え方などの）調査
- [ ] market survey 名 市場調査
- [ ] release 動（ニュース・情報など）を発表する，（製品など）を発売する

> ☆ここがポイント！
>
> ◆ 名詞 ＋ (空所 ＋ by ...)「...によって〜された名詞」
>   　　　　　↳過去分詞

選択肢の動詞 conduct は「（調査など）を行う」という意味でしたね。実践編 No.1（P.164）で出題された単語ですよ！

本問は，名詞＋空所＋by ... という形を含んでいて，選択肢には過去分詞があります。これは，空所に過去分詞が入り，前の名詞を修飾するパターンでしたね（参照 P.61 ポイント④）。「〜によって行われた Airline Survey の結果」という受動的な意味になります。

実践編 4日目

訳

イギリスの市場調査会社によって行われた Airline Survey の結果が昨日発表された。

(A) conduct 動（調査など）を行う：原形
(B) conducts：3人称単数現在形
(C) conducting：現在分詞・動名詞
(D) conducted：過去形・過去分詞

正解 (D)　チェック!! P.65, 67

No.20
Indian company BR Technology has announced that it ------- the upcoming world's largest robotics trade show in Washington.

(A) attend
(B) has attended
(C) will attend
(D) is attended

構文分析

Indian company BR Technology (主) has announced (動)

that it -------
　(主) (動)
the upcoming world's largest robotics trade show
　　　　　　　　　(目)　ロボット工学
(in Washington).

＊that 以下は動詞 announce の目的語

覚えよう！ 頻出単語 & 表現

- announce that ... : …であると発表する
  ＊announce 動（予定・出来事など）を発表する
- upcoming 形 今度の，まもなくやって来る
- trade show 名 見本市，展示会

ここがポイント！

◆ upcoming 形 今度の、まもなくやって来る
  └ 「時」を特定するのに役立つヒントワード！

選択肢のattendは「（会議など）に参加する」という意味の動詞です。まずは「態」を特定しましょう。空所の後ろに目的語となる名詞robotics trade showがあるので、受動態の(D)は不適切ですね。

次に、時制を特定するためにヒントとなる語句を探しましょう。本問は、upcoming「今度の、まもなくやって来る」という意味の形容詞があるので、that以下の内容は未来を表すことになります。したがって、(C) will attendが正解です。

訳

インドのBR Technology社は、ワシントンでまもなく開催される世界最大のロボット展示会に参加すると発表した。

(A) attend 動 （会議など）に参加する、（学校など）に通う：原形
(B) has attended：現在完了形
(C) will attend：〈助動詞＋動詞の原形〉→未来を表す
(D) is attended：現在形（受動態）

正解 (C)

No.21
This class is for those committed to ------- strong client base as financial advisors.

(A) building
(B) build
(C) be built
(D) builds

構文分析

後ろからthoseを修飾

This class is for those (committed to ------- strong client base as financial advisors).
主 動

覚えよう！ 頻出単語 & 表現

- □ those 代 (〜である)人々　類 the people
  * those interested in 〜：〜に興味を持っている人
  * those involved in 〜：〜に関わっている人
- □ client base 名 顧客基盤，顧客層
  * base 名 基盤
- □ as 前 〜として
- □ financial 形 経済の，財務(上)の
  * financial advisor 名 ファイナンシャルアドバイザー，財務[投資]顧問

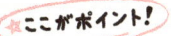

ここがポイント！

◆ be { committed / devoted / dedicated } to doing
　　　　　　　　　　　　　　　　　　　　前置詞

　動詞build「〜を築く」の適切な形を選ぶ問題ですね。
　空所の前にある (be)committed to は，後ろに doing (動名詞)を伴い，「(真剣に)〜することに取り組む」という意味を表します。
　したがって，(A) building が正解ですね。本問では，代名詞 those「人々」の後ろに who are が省略されていると考えるとわかりやすいですよ。

```
those (who are committed to building ...)
  ‖
the people
```

　to が含まれる定型表現や熟語は，to do と to doing のどちらの形をとるのか意識して覚えるようにしましょう。

訳

　この講座はファイナンシャルアドバイザーとして強力な顧客基盤の構築に取り組んでいる方が対象です。

(A) building：現在分詞・動名詞
(B) build 動〜を築く：原形
(C) be built：受動態
(D) builds：3人称単数現在形

チェック！ P.49,55

正解 (A)

5日目

No.22
The up-to-date product has several ------- that previous models did not have.

(A) functioned
(B) function
(C) functions
(D) functional

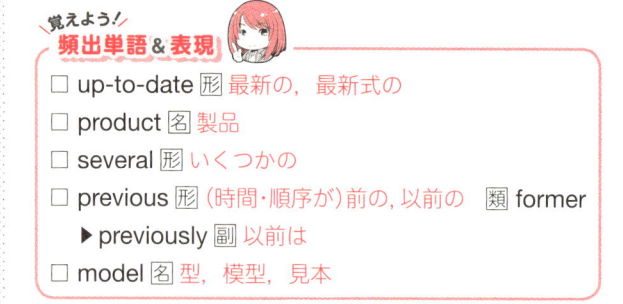

構文分析

The up-to-date product has several -------
　　　　(主)　　　　　(動)　(目)

(that previous models did not have).
関係代名詞　　(主)　　　　　(動)

覚えよう！ 頻出単語 & 表現

- □ up-to-date 形 最新の, 最新式の
- □ product 名 製品
- □ several 形 いくつかの
- □ previous 形 (時間・順序が)前の, 以前の　類 former
  - ▶ previously 副 以前は
- □ model 名 型, 模型, 見本

> **ここがポイント！**
>
> ◆ 頻出パターン：〈他動詞 + [形容詞＋名詞]〉
>   ↑
>   目的語

選択肢は function「图 機能 / 動 機能する」の派生語や変化形ですね。文構造を確認すると，several ------- は has の目的語にあたります。したがって，ここは〈形容詞 several ＋名詞〉のパターンだと考えることができますね。several「いくつかの」の後には，複数形の名詞が入りますので，(C) functions が正解です。

また，that 以下は have の目的語がない不完全な文なので，この that は目的格の関係代名詞であることがわかります。ということは，that の前には先行詞である名詞が入りますね。

実践編　5日目

訳

最新のその製品は前のモデルにはなかった機能を備えている。

(A) functioned：function 動 機能する：過去形・過去分詞
(B) function 图 機能　動 (機械などが)(正常に) 機能する
(C) functions：function 图 の複数形，function 動 の3人称単数現在形
(D) functional 形 機能的な，機能を果たせる

正解 (C)　チェック！ P.194

No.23
When you enter the factory, you are required to show your ID card so that you can be ------- as a factory worker.

(A) identify
(B) identification
(C) identified
(D) identity

構文分析

(When you enter the factory),

you are required to show your ID card
 (主)   (動)

(so that you can be ------- as a factory worker).
 (接)   (主)   (動)

覚えよう！ 頻出単語 & 表現

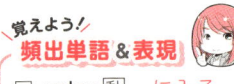

- [ ] enter 動 〜に入る
- [ ] factory 名 工場
- [ ] require A to do：A に〜するよう要求する
  * require 動 〜を要求する
- [ ] so that [in order that] A can [will, may]〜：
  A が〜できるように[するように]
- [ ] as 前 〜として

ここがポイント！

◆ be動詞の前後はイコール関係

　選択肢から正しい品詞，または変化形を選ぶ問題だとわかりますね。空所の前にはbe動詞があります。be動詞の直後に動詞の原形は続かないので，(A)identifyは不適切ですね。

　また，be動詞は前後をイコールで結ぶ働きがありますが，主語youと(B)identification「身分証明書」及び(D)identity「正体，身元」はイコールで結べませんね。したがって，(C)identifiedを選択し，受動態の形にします。

　so that [in order that] A can [will, may] 〜は「Aが〜できるように [するように]」という「目的」を表す構文ですよ。

訳

　工場に入るときは，従業員であることがわかるようにIDカードを見せなければならない。

(A) identify 動 （正体・身元など）を確認する，識別する，（問題など）を特定する
(B) identification 名 身分証明書
(C) identified：過去形・過去分詞
(D) identity 名 正体，身元

正解 (C)

No.24
According to the schedule, there are no meetings or important events ------- place this afternoon.

(A) is taking
(B) will take
(C) taken
(D) taking

構文分析

(According to the schedule),

there are no meetings or important events (------- place this afternoon).

頻出単語&表現

- □ according to ~：(調査・人)によると
- □ schedule 名 スケジュール，予定，日程
- □ 〈There + be動詞 + 主語 ~〉：~がある，いる

> **ここがポイント!**
>
> ◆ 名詞 + (現在分詞 + α)「~する/している名詞」
> ◆ His concert will { take place / be held } in the hall.
>   「(行事などが) 行われる」

選択肢は動詞 take の変化形ですね。空所の前の there are ~ は「~がある」という意味を表しますよ。そして、この文では are が動詞、no meetings or important events が主語となります。

したがって、空所に入る動詞は、直前の meetings or important events を修飾する形になります。名詞を修飾する働きがあるのは、過去分詞の (C) と、現在分詞の (D) ですね。take place で「(行事などが) 行われる」という意味ですから能動関係を表す現在分詞 (D) taking が正解となります。

訳

スケジュールによると、今日の午後は会議や重要な行事は行われておりません。

(A) is taking:現在進行形
(B) will take:〈助動詞＋動詞の原形〉→未来を表す
(C) taken:過去分詞
(D) taking:現在分詞・動名詞

正解 (D)
P.61,63

No.25

Mr. Woo is in charge of ------- checking the data supplied by the inspectors and putting it in the report.

(A) care
(B) careful
(C) carefully
(D) carefulness

構文分析

Mr. Woo is in charge of -------
　(主)　(動)
　　　　　　名詞＋〈過去分詞＋α〉
　　　　　　　　　　↓
[checking the data (supplied by the inspectors)
and
putting it in the report.]
　　　　報告書にまとめる

覚えよう！ 頻出単語&表現

- in charge of ～：～を担当して，～の責任を持って
  * charge 名 管理，責任，料金
- supply 動 ～を供給する，～を与える
- inspector 名 検査官
  ▶ inspect 動 (隅々まで)～を検査する 類 examine
  ▶ inspection 名 検査

ここがポイント！

◆ 空所がなくても文が成立 → **修飾語**が入る

- **形** … 名詞を修飾
- **副** … 名詞**以外**を修飾

---

　careは「注意」という意味の名詞，あるいは「気にかける」という意味の動詞です。選択肢はその派生語ですね。では，空所前後に着目しましょう。空所がなくても文として成立している点に気づけるかどうかがポイントです。

> is in charge of ------- checking the data
> 〈前置詞＋動名詞〉
> 「dataをチェックする担当をしている」

　checkingは動名詞で前置詞ofの目的語です。空所がなくても文が成立するとき空所には修飾語が入りましたね。修飾語とは，形容詞か副詞ですが，動詞的な機能を持った動名詞を修飾できるのは副詞です。本問は，**(C) carefully** が正解となります。

訳

　Woo氏は検査官から提供されたデータを入念にチェックし，報告書にまとめる業務を担当している。

(A) care 名 注意　動 気にかける
(B) careful 形 注意深い
(C) carefully 副 注意深く
(D) carefulness 名 注意深いこと

正解 **(C)**

No.26
Free shuttle service is ------- for our guest from the National Botanical Gardens to North Times Square, one of the world's largest shopping malls.

(A) available
(B) reliable
(C) possible
(D) eligible

構文分析

Free shuttle service is ------- for our guest
　　　　主　　　　　　動

(from the National Botanical Gardens)
(to North Times Square),
　　‖
one of the world's largest shopping malls.

覚えよう！ 頻出単語&表現

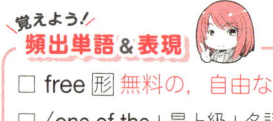

- □ free 形 無料の，自由な
- □ 〈one of the＋最上級＋名詞の複数形〉: 最も〜な…のひとつ

ここがポイント！

◆ 頻出：形容詞 available
　「利用できる，手に入る，手が空いている」

選択肢はすべて形容詞ですね。いずれも，TOEIC頻出の重要単語ですよ。

本問は，be動詞の前後はイコールの関係であることに着目しましょう。空所の形容詞は，主語Free shuttle service「無料送迎バスサービス」を説明するので，(A) available「利用できる」が正解となります。

(C) possibleはP.175でも確認しましたが，〈It is possible (for＋人) to do〉「(人には)〜することが可能である」という形をしっかりおさえましょう。

(D) eligibleは「人」だけを主語にとり，〈be eligible to do〉「〜する資格がある」という形になることを覚えておきましょう。

訳

当ホテルのお客様はNational Botanical Gardensから世界最大のショッピングモールのひとつであるNorth Times Squareまで無料送迎バスサービスをご利用いただけます。

(A) available 形 利用できる，手に入る，手が空いている
(B) reliable 形 信頼できる　＊rely on 〜：〜に頼る
(C) possible 形 可能な
(D) eligible 形 資格がある，ふさわしい

正解 (A)

No.27
When applying for a new job, it is better to consider ------- salary and benefits programs.

(A) neither
(B) both
(C) either
(D) yet

構文分析

(When applying for a new job),

it is better
主 動
‖
to consider ------- salary and benefits programs．
形式主語 it ＝ to 不定詞　　　　　　　福利厚生制度

頻出単語 & 表現

- □ apply for 〜：〜に申し込む，応募する
  - *apply 動 申し込む，応募する
- □ consider 動 〜を考慮する
- □ benefit 名 利益，(複数形で)給付金, 手当, 福利厚生
  - *benefits package 名 福利厚生

> ☆ ここがポイント！
>
> ◆ 相関接続詞（both A and B など）は
> セットで覚える！

　選択肢から相関接続詞の問題だとわかりますね。3秒で答えることができるラッキー問題です！本問は，空所の後ろにandがあるので，both A and B「AもBも」の形になりますね。入門編 No. 56（P.150）の類題なので，間違えた方は，しっかり復習しておきましょう。

　文全体の構文も確認しておきましょう。まず，When (you are) applyingのように，接続詞の後の〈主語＋be動詞〉が省略されています。また，〈It is ... to ＋動詞の原形〉は「〜することは…だ」という意味になりますよ。

実践編　5日目

訳

　新しい職を探しているとき，給料も福利厚生制度も考慮するほうがよい。

(A) neither：neither A nor B：AもBもどちらも〜ない
(B) both：both A and B：AもBも
(C) either：either A or B：AかそれともB
(D) yet 副（否定文で）まだ（〜ない）

正解 (B)　チェック！ P.151

6日目

No.28

Mr. Perez ------- that the total cost of advertising will exceed $50,000, an increase of 20 percent over the previous year.

(A) estimate
(B) is estimated
(C) has estimated
(D) has been estimated

構文分析

Mr. Perez ------- 〔that the total cost of advertising
(主)　　(動)　　(目)

will exceed $50,000, (an increase of 20 percent
　　　　　　　　　　　=

over the previous year)〕.

覚えよう！ 頻出単語 & 表現

- □ total 形 全体の，総計の
- □ cost 名 費用，経費　動 (費用が)かかる
- □ advertising 名 宣伝，広告
- □ exceed 動 ～を超える，～以上である
  - ▶ excess 名 超過，余分
  - ▶ excessive 形 過度の
- □ increase 名 増加　動 増える
- □ previous 形 (時間・順序が)前の，以前の

ここがポイント！

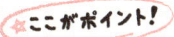

◆ 主語 + 動詞 + [that + 完全な文]
　　　　　　　　　　　＝
　　　　　　　　　　 目的語

空所には主語 Mr. Perez に対応する動詞が入りますね。まず「態」を特定するために，空所の直後の that に着目しましょう。that 以下は，

that the total cost of advertising	will exceed	$50,000
(主)	(動)	(目)

という形で，完全な文が続いています。この that は「〜ということ」という意味を表し，名詞節（＝名詞の役割をする節）を導きます。つまり，that 以下は空所の動詞の目的語となっています。したがって，本問は能動態で表しますね。(A) と (C) が正解の候補ですが，主語は3人称単数ですから，原形の (A) estimate は不適切ですね。正解は (C) has estimated となります。

選択肢の意味がわからなくても文構造から正解に迫ることができる問題ですよ！

訳

Perez 氏は広告費の総額は5万ドルを超え，前年比20パーセント増になると見積もった。

(A) estimate 動 〜を見積もる：原形
(B) is estimated：現在形（受動態）
(C) has estimated：現在完了形
(D) has been estimated：現在完了形（受動態）

正解 (C)

No.29
Garcia Food Company had to ------- a new product release due to some unexpected accidents at some plants.

(A) reschedule
(B) rescheduling
(C) rescheduled
(D) be rescheduled

構文分析

Garcia Food Company　had to -------
　　　　主　　　　　　　　　動

a new product release
　　　目

(due to some unexpected accidents at some plants).

覚えよう！ 頻出単語&表現

- product 名 製品
- release 名 発表，発売
  動 (ニュース・情報など)を発表する，(製品)を発売する
- due to 〜：〜のために，〜が原因で　類 because of 〜
  *due 形 当然の，期限の
- unexpected 形 予期しない
  ⇔ expected 形 予期[期待]される
- plant 名 工場　類 factory

> **ここがポイント！**
> ◆ have to ＋ 動詞の原形
> ◆ 「態」の特定
>   → 空所の後ろを見て、目的語の有無をチェック！

選択肢はreschedule「予定を変更する」の変化形ですね。まず，空所の前の had to に着目しましょう。〈have to ＋動詞の原形〉「～しなければならない」の過去形です。to の後ろは動詞の原形が続くので，(B) と (C) は不適切ですね。

では，「態」を特定しましょう。空所の後ろには目的語となる名詞 a new product release「新製品の発表」がありますから，受動態の (D) は不適切です。正解は (A) reschedule ですね。

訳

Garcia Food社は一部の工場で起きた予期していなかった事故のために新製品の発表を変更しなければならなかった。

(A) reschedule 動 予定を変更する：原形
(B) rescheduling：現在分詞・動名詞
(C) rescheduled：過去形・過去分詞
(D) be rescheduled：受動態

正解 (A)

No.30
The Green Energy Company ------- permission to construct a new facility just the other day.

(A) is getting
(B) got
(C) was gotten
(D) will get

構文分析

The Green Energy Company -------

permission (to construct a new facility)

(just) (the other day).

覚えよう！ 頻出単語 & 表現

- □ permission 名 許可，認可
  - ▶ permit 動 ～を許可する 名 認可（書）
- □ construct 動（大きな建物・橋・道路など）を建設する
  - ▶ construction 名 建設，建築物
  - ▶ constructive 形 建設的な
- □ facility 名 施設

ここがポイント!

◆ 時を特定する前に「態」を特定!
◆ the other day「先日」→ 過去の文

選択肢はget「〜を得る」の変化形ですね。まず、「態」を特定しましょう。空所には、主語The Green Energy Companyに対応する動詞が入りますね。空所の後ろには目的語にあたる名詞permission「許可」がありますから、受動態の(C)は不適切です。

次に時制ですが、the other day「先日」という過去を表す表現から判断できますよ。過去形である(B)gotが正解ですね。get permission to doで「〜する許可を得る」という意味になりますよ。

訳

Green Energy社はつい先日、新たな施設建設の許可を得た。

(A) is getting：現在進行形
(B) got：過去形
(C) was gotten：過去形（受動態）
(D) will get：〈助動詞＋動詞の原形〉→未来を表す

正解 (B)

No.31
Solar panels are costly to buy, but once they ------, you can save energy and cut down on electricity costs.

(A) install
(B) installing
(C) to install
(D) are installed

構文分析

Solar panels are costly (to buy),
　(主)　‖　(動)　　　〜するには
but (once they ------),
　(接)　(主)　(動)

you can save energy and cut down on electricity costs.

覚えよう！ 頻出単語 & 表現

- costly 形 費用がかかる，値段が高い
- 〈主語＋be動詞＋形容詞＋to do〉: 形容詞を限定する to do
  例 This river is dangerous to swim in.「この川は泳ぐには危険だ」
- once 接 いったん〜するとすぐに
  　　 副 一度(だけ)，(現在と対比して)かつては
- save 動 (金・時間・エネルギーなど)を節約する
- cut down on 〜: 〜を減らす
- electricity 名 電気，電力

> **★ここがポイント！**
>
> ◆ 空所の後ろに<u>目的語がない</u>！ → ㊤動態

　選択肢は動詞 install「(器具・装置など)を取り付ける，設置する」の変化形ですね。空所の後ろに着目しましょう。install は他動詞ですが，目的語となる名詞がありませんね。したがって受動態で表します。選択肢の中で受動態〈be 動詞＋過去分詞〉の形を含むものは，**(D) are installed** だけですね。

　文中の once は「いったん～するとすぐに」という意味を表す接続詞の用法で，後ろに〈主語＋動詞〉が続きます。その他に，once には「一度(だけ)」，「かつて」という意味を表す副詞の用法もあるので注意しましょう！

訳

　太陽電池パネルは購入するには高いが，いったん設置すると，エネルギーを節約でき，電気代を減らすことができる。

(A) install 動 (器具・装置など)を取り付ける，設置する：原形
(B) installing：現在分詞・動名詞
(C) to install：to 不定詞
(D) are installed：受動態

正解 (D)

No.32
------- who hope to take job-related courses should keep their boss informed.

(A) It
(B) Someone
(C) Those
(D) Anyone

構文分析

------- (who hope to take job-related courses)
主 先行詞

should keep their boss informed.
動　　　目　　　補

頻出単語 & 表現

- job-related：仕事と関連した　＊related 形 関連した
- keep A B (Bは形容詞，分詞など)：AをBの状態に保つ
- inform 動 (人)に知らせる　類 notify
  ＊inform A of [about] B：A(人)にBを知らせる
  ＊〈inform A that ＋主語＋動詞〉：
  　　　　A(人)に〜ということを知らせる

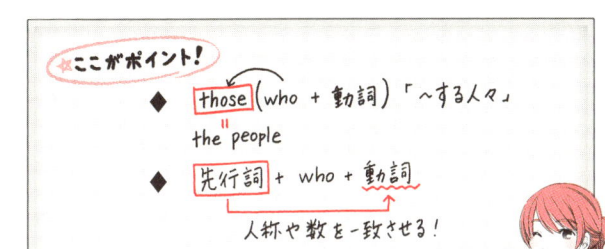

ここがポイント！

- $\underline{\text{those}}$ (who + 動詞)「〜する人々」
  the people

- $\underline{\text{先行詞}}$ + who + 動詞
  人称や数を一致させる！

空所の後に〈who＋動詞〉が続いていることから，このwhoは主格の関係代名詞で，空所には「人」を表す名詞が入ることがわかりますね。

選択肢の中で「人」を表すのは(B)(C)(D)です。

ポイントはwhoの後ろの動詞hopeです。(B)Someoneや(D)Anyoneは単数扱いなので，hopeではなくhopesとなります。主格の関係代名詞に続く動詞は，先行詞となる名詞の人称や数と一致して変化します。したがって，(C)Those「人々」が正解となります。those who 〜 で「〜する人々」を表すことを学習しましたね！（参照 P.161, 207）

訳

仕事と関連したコースの受講を希望している人は，上司に知らせておかなければならない。

(A) It 代 それ
(B) Someone 代 だれか
(C) Those 代 （である）人々（＝ the people）
(D) Anyone 代 だれか，だれでも

正解 (C)
P.161, 207

No.33
J&R Electronics has announced it will relocate its head office to Toronto due to ------- its business.

(A) expand
(B) expansion
(C) be expanded
(D) expanding

構文分析

J&R Electronics has announced
    (主)   (動)

[it will relocate its head office to Toronto due
    (目)

to ------- its business].

頻出単語 & 表現 (覚えよう!)

- □ announce (that) 〜：〜と発表する
  * announce 動 (正式に)(予定・出来事)を発表する
- □ 〈relocate A ＋ to ＋場所〉：A(の場所)を〜に移す
  * 〈relocate to ＋場所〉：〜に引っ越す, 〜に移転する
- □ head office 名 本社
- □ due to 〜：〜のために, 〜が原因で　類 because of 〜
  * due 形 当然の, 期限の

ここがポイント!

- ◆ 名詞 vs. 動名詞
- ◆ due to ～ 「～のために」
  (to → 前置詞)

選択肢は動詞 expand「(事業など)を拡大する」の変化形や派生語ですね。空所の前後を見ていきましょう。due to ～は「～のために」という意味で to は前置詞です。

前置詞の後ろは名詞か動名詞ですので，正解の候補は (B) と (D) に絞られますが，名詞である (B) expansion を用いた場合，due to expansion of its business となり，前置詞 of が必要です。

したがって，動名詞である (D) expanding が正解です。

> due to expanding its business
> ～のために 【動名詞】【動名詞の目的語】

訳

J&R Electronics 社は，事業を拡大するために本社をトロントに移転すると発表した。

(A) expand 動 (事業など)を拡大する
(B) expansion 名 拡大，進出
(C) be expanded：受動態
(D) expanding：現在分詞・動名詞

正解 (D)

7日目

No.34
The board of directors will decide to ------- Pamela Johnson as corporative vice president next month.

(A) appoint
(B) represent
(C) anticipate
(D) promote

構文分析

The board of directors will decide to -------
Pamela Johnson as corporative
vice president (next month).

覚えよう！ 頻出単語 & 表現

- □ board of directors 名 取締役会，理事会
- □ as 前 〜として
  * asの前後はイコールの関係
- □ corporative 形 会社の，法人の
- □ vice president 名 副社長

ここがポイント！

◆ appoint A (to be) B → 役職
　　　　　　　as　　　「A(人)をBに任命する」

選択肢はすべて動詞ですので，語彙力が決め手の問題ですね。文の後半に as corporative vice president「会社の副社長として」とあるので，(A) appoint「〜を任命する」が正解です。appoint A as B で「A(人)をBに任命する」という意味を表します。

(B) represent も as と共に，represent A as B「AをBとして表す，表現する」という形をとりますが，意味が合いませんね。

(D) promote は promote A to B で「AをBに昇進させる」という意味を表します。動詞を覚える際は，意味だけでなく，一緒に用いられる前置詞も覚えておきましょう。

訳

取締役会は来月，Pamela Johnson を会社の副社長に任命する予定だ。

(A) appoint 動 〜を任命する
(B) represent 動 (団体など)を代表する，(物・事)を表す
(C) anticipate 動 〜を予期する，〜を待ち望む
(D) promote 動 〜を促進する，昇進させる

正解 (A)

No.35
At the Shape Up Fitness Club, you can save 20% off next year's membership fee by renewing it 30 days ------- the expiration date.

(A) since
(B) as of
(C) prior to
(D) in advance

構文分析

(At the Shape Up Fitness Club),

you can save 20% off next year's membership fee
　主　　動　　目　　　　　　　　　　　　　会費

(by renewing it 30 days ------- the expiration date).
〈前置詞by＋動名詞〉　　　　　　　　　　　有効期限

頻出単語 & 表現

□ save 動 (金・時間・エネルギーなど)を節約する
　＊save A off B：BからAを省く，節約する
□ fee 名 (会費・入場料などの)料金，手数料
□ renew 動 (契約・免許など)を更新する
　▶ renewal 名 更新
　▶ renewable 形 再生可能な(エネルギーなど)
□ expiration 名 期限切れ　▶ expire 動 期限が切れる

ここがポイント！

- ◆ 似た意味の表現に注意！
- ◆ 〈prior to + 名詞〉「〜の前に」
- ◆ in advance 「前もって」

　選択肢の(A) since は「〜以来」、(B) as of 〜 は「〜現在、〜付で」という意味です。(C) prior to と(D) in advance は「(〜の)前に」の意味です。本問は「有効期限前に更新すると割引がある」と考えると自然ですので、(C)か(D)が正解となりますね。

　(C)は〈prior to + 名詞〉の形で「〜の前に」の意味になります。(D) in advance は副詞と同じ働きで、「前もって」という意味です。空所の後ろに the expiration date「有効期限」という名詞があるので、(C) prior to が正解となります。

　空所の前に 30 days とありますが、「有効期限のどれくらい前なのか」を説明しています。〜 days prior to ... で「...の〜日前(まで)に」という意味になりますよ。

訳

　Shape Up Fitness Club では、有効期限の30日前までに契約を更新されますと来年分の会費が20％割引となります。

(A) since 前接 〜以来
(B) as of 〜：〜現在で、〜付けで、(日時)〜から
(C) prior to 〜：(時間・順序が)〜より前に (= before)
(D) in advance：前もって (= ahead)

正解 (C)　チェック! P.137

No.36
The consumer group demanded that all the cars with a defective electrical system ------- immediately.

(A) to be recalled
(B) recalled
(C) is recalled
(D) be recalled

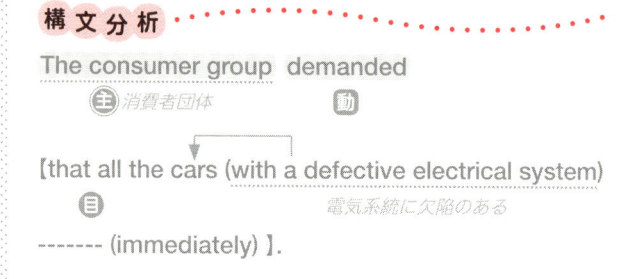

構文分析

The consumer group　demanded
　(主) 消費者団体　　　　(動)

[that all the cars (with a defective electrical system)
　(目)　　　　　　　　　　　電気系統に欠陥のある

------- (immediately)].

覚えよう！ 頻出単語＆表現

- demand 動 〜を要求する
- defective 形 欠陥のある，不良の
  - ▶ defect 名 欠陥
- electrical 形 電気の，電気で動く
- immediately 副 早急に　類 at once

> ## ここがポイント！
> ◆ 注意すべき動詞の語法：
> $\begin{Bmatrix} \text{demand} \\ \text{order} \\ \text{suggest} \end{Bmatrix}$ that + 主語 + (should) + **動詞の原形**

　選択肢は動詞 recall「（不良品など）を回収する」の変化形ですね。まず、「態」を特定しましょう。空所には that 節の主語 all the cars (with ～ system) に対応する動詞が入りますね。空所の後ろに目的語となる名詞がないので、受動態を用います。したがって、(B) は不適切ですね。

　ここで大事なポイントなのですが、「要求・命令・決定・提案・主張など」を表す動詞に続く that 節内の動詞は〈(should) ＋動詞の原形〉を使います。本問は demand「～を要求する」なので、正解は (D) be recalled となりますよ。should がない形です（参照 P.80）。

訳

　消費者団体は早急に電気系統に欠陥のあるすべての車を回収するよう要求した。

(A) to be recalled：to 不定詞（受動態）
(B) recalled：過去形・過去分詞
(C) is recalled：現在形（受動態）
(D) be recalled：受動態

正解 (D)

No.37
The product of Wilson Electronics has earned a reputation for its comparatively high efficiency and ------- low cost.

(A) relate
(B) related
(C) relative
(D) relatively

構文分析

The product of Wilson Electronics has earned a reputation (for its comparatively high efficiency and ------- low cost).

高性能

覚えよう! 頻出単語 & 表現

- □ product 名 製品
- □ earn 動 (お金・評判・信用など)を得る, 獲得する
- □ reputation 名 評判, 高い評価, 名声
- □ comparatively 副 比較的(に)
  - ▶ compare 動 〜を比べる
  - ▶ comparison 名 比較
  - ▶ comparable 形 比較可能な, 同等の
- □ efficiency 名 効率, 性能 ▶ efficient 形 効率的な
- □ cost 名 費用, 経費 動 (費用が)かかる

ここがポイント！

◆ 頻出パターン：〈空所 + 形容詞 + 名詞〉
　　　　　　　　　↘ 副詞が入る！

選択肢にはさまざまな品詞が並んでいますね。まず，空所のある部分が **A and B** の形であることに着目しましょう。AとBには文法的に対等な要素が並ぶのでしたね。文構造を確認しましょう。

> comparatively high efficiency 〈副詞＋形容詞＋名詞〉
> 　　　　and
> ------- low cost　　　　　〈-------＋形容詞＋名詞〉

空所には副詞が入ることがわかりますね。この副詞は直後の形容詞 low を修飾しています。選択肢の中で副詞は〈形容詞＋ly〉の **(D) relatively** です。

訳

Wilson Electronics社のその製品は比較的高性能で，低価格であるとの評判を得ている。

(A) relate 動 関係がある，結びつける：原形
(B) related：過去形・過去分詞　　形 関係のある，関連した
(C) relative 形 関係のある，相対的な　　名 親戚
(D) relatively 副 比較的(に)

正解 (D)　チェック！ P.119

No.38

The position for ------- Mr. Mackie has applied is challenging and demanding.

(A) which
(B) that
(C) what
(D) whom

構文分析

The position (for ------- Mr. Mackie has applied) is
　　先行詞　　　関係代名詞　　　　　　　　　　　動

challenging and demanding.
　　　　　　補

覚えよう！ 頻出単語＆表現

- [ ] position 名 職業, 地位
- [ ] apply 動 申し込む, 応募する
  * apply for 〜：〜に申し込む, 応募する
- [ ] challenging 形 やりがいのある
- [ ] demanding 形 要求が多い, 厳しい

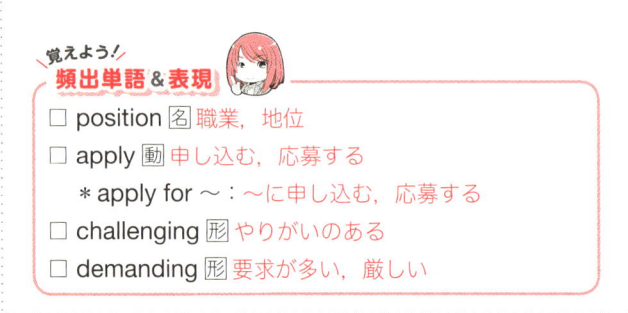

> **ここがポイント！**
>
> ◆ 注意！
> 〈前置詞 + 関係代名詞〉のとき、
> that は使えない！ → 目的格 が入る

選択肢から関係代名詞を選ぶ問題だとわかりますね。本問は空所の前に前置詞がありますが，以下のような形に直して考えてみましょう。

The position (------- Mr. Mackie has applied for) is
　先行詞　　関係代名詞

先行詞 The position「職」は「人以外」ですね。空所の後ろを確認すると for の目的語が抜けています。「人以外」を先行詞にとり，目的格の働きをする関係代名詞は which か that ですね。では，前置詞の位置を前に戻しましょう。

本問のように，前置詞が関係代名詞の前にきて，〈前置詞＋関係代名詞〉の形になるとき，that は使えないというルールがあります。正解は (A) which です。

訳

Mackie 氏が応募した職はやりがいがあり，要求水準が高い。

(A) which
(B) that
(C) what
(D) whom

先行詞＼格	主格	所有格	目的格
人	who	whose	whom
人以外	which	whose	which
人・人以外	that	——	that
なし	what	——	what

正解 (A)　チェック！ P.153

No.39
There is ------- possibility that Ricky Dale will take over his father's business, for he just began his own career as a photographer.

(A) few
(B) little
(C) many
(D) quite

構文分析

There is ------- possibility [that Ricky Dale will take over his father's business],
動　　　　　　　主
= 同格のthat「〜という可能性」

for he just began his own career as a photographer.
接　主　　動　　　目

覚えよう！ 頻出単語&表現

- □ possibility 名 可能性
  - ▶ possible 形 可能な
  - ▶ possibly 副 (確信はないが)もしかすると
- □ take over 〜：(仕事など)を引き継ぐ
- □ 〈〜, for＋主語＋動詞〉接 〜, というのも(…だから)
  *前で述べた内容に対して, 理由を補足的に述べる際に用いる
- □ 〈one's own ＋名詞〉：自分(自身)の〜
- □ career 名 経歴, 職業
- □ as 前 〜として

ここがポイント！

◆「ほとんどない」
- few + 数えられる名詞
- little + 数えられない名詞

possibility「可能性」を修飾する適切な数量形容詞を選ぶ問題です。possibilityは**不可算名詞**ですから，**(A) few**や**(C) many**を使うことはできません。**(D) quite**は「すっかり，相当」という意味の**副詞**です。したがって，正解は**(B) little**となりますね。little possibilityは「**可能性はほとんどない**」という**否定的な意味**になりますよ。

基本的な数量形容詞の用法をまとめておきますので，確認しておいてくださいね。

数量形容詞	可算名詞	不可算名詞
many ⇔ few	○	×
much ⇔ little	×	○
a lot of	○	○
some / any	○	○
several	○	×

訳

Ricky Daleが父親の事業を継ぐ可能性はほとんどない，というのも彼は写真家としての仕事を始めたばかりだからだ。

(A) few 形（数を表し）ほとんどない　＊a few：少しはある
(B) little 形（量を表し）ほとんどない　＊a little：少しはある
(C) many 形（数を表し）多くの
(D) quite 副すっかり，相当　＊quite a few [little]：かなりたくさん

正解　(B)

No.40
------- Mr. Stevens was abroad on business, his staff had to attend some important meetings in his place.

(A) Although
(B) During
(C) While
(D) Meanwhile

構文分析

(------- Mr. Stevens was abroad on business),
　　　　　(主)　　　(動)

his staff had to attend some important meetings
　(主)　　　(動)　　　　　(目)

(in his place).
　彼の代わりに

頻出単語&表現

□ abroad 副 外国へ, 海外に
□ on business：仕事で
□ attend 動 (会議など)〜に出席する, (学校など)に通う

> **ここがポイント！**
>
> ◆ 〈 空所 + 主語 + 動詞 〉
>   ↳ 接続詞 が入る
>   ~~前置詞~~

まず，文の基本構造を確認してみましょう。本問は，

------- 〈主語＋動詞〉, 〈主語＋動詞〉．
         A   B

という形になっているので，空所には文Aと文Bをつなぐ接続詞が必要だとわかりますね。
　(B) During「〜の間ずっと」は前置詞なので，後ろに〈主語＋動詞〉は続きませんね。(D) Meanwhile「その間に」は副詞なので，文をつなぐ役割はありません。接続詞は (A) Although「〜だけれども」と (C) While「〜の間に」ですが，文意から判断して，(C) While が正解となります。

訳

Stevens氏が海外出張に出ている間，彼の部署に所属するスタッフは彼の代わりに重要な会議に出席しなければならなかった。

(A) Although 接 〜だけれども（＝though）　＊譲歩を表す
(B) During 前 （特定の期間・出来事・行為）の間ずっと
(C) While 接 〜の間に，〜の間じゅうずっと，〜である一方
(D) Meanwhile 副 その間に，そうしている間に

正解 (C)
P.143, 162

Index

A

A as B	22
A as well as B	44
a large range [selection] of ~	180
(a) part of ~	104
A rather than B	26
A such as B	190
a wide range of ~	74, 168
a wide variety of ~	180
ability	196
ability to do	196
above	134
abroad	244
accessible	174
according to ~	18, 64, 118, 212
account	14, 68
accurate	52
adjacent	200
adjacent to ~	100
advantage	188
advertising	18, 220
advise	54
afford	124, 198
affordability	124, 198
affordable	14, 124, 198
affordably	124, 198
against	140
ahead	136
achievement	76
allow	54
almost	116, 200
although	138, 178, 244
amenity	180, 198
analysis	190
analyst	190
announce (that) ~	14, 32, 204, 230
annual	28, 150, 178
annual report	150
annual sales	78
annually	150
another	176
anticipate	232
any	176
appear	66
appliance	120, 124
apply	158, 218, 240
apply for ~	218, 240
appoint	94, 232
appoint A B	186
appraisal	90
architect	156, 184
architectural	184
architecturally	184
architecture	156, 184
arrangement	86
article	62
as	22, 206, 210, 232, 242
as of ~	138, 234
as part of ~	46
as soon as	146
ask A to do	100
at hand	130
at once	236
atmosphere	198
attempt	18

attend	16, 46, 100, 204, 244
attention	76, 170
attract	176
attraction	176
attractive	58, 176
auto	66
automobile	66
available	216
avoid	56
award	76, 182
award A B	182
awareness	44, 140

B

banquet	178
base	206
-based	12
basis	86
(be) aimed at doing	54
be asked to do	100
be aware of～	120, 140
(be) based in [at] ～	168
be characterized by～	156
be dedicated to ＋名詞[動名詞]	68
be encouraged to do	130, 136
(be) equipped with～	114, 124, 198
be expected to do	134
(be) focused on～	130
(be) known as～	84
be requested to do	184
be required to do	110
(be) scheduled for	200
be scheduled to do	184
because of～	36, 222, 230
before	136
before doing	128
below	150
benefit	188, 218
benefits package	218
beside	200
better	130
beverage	94
board meeting	178
board of directors	232
booking	36
boost	14
both	150, 218
both A and B	150
build	206
business	16
by	134, 146

C

capable	174
capacity	28
car	66
care	214
career	242
careful	214
carefully	214
carefulness	214
CEO	94
challenging	240
chance	46
charge	214
claim	56
client base	206
climate	58
close to～	180
coincide	16
collaborate	32

colleague	48
comfort	128
comfortable	128, 198
comfortably	128, 198
comforting	128
commerce	38
commit	48
commodity	106
communicate	196
comparable	238
comparatively	238
compare	238
comparison	238
competent	196
competitive	106, 168, 188
complaint	56
complete	116, 144, 186
completion	186, 200
compose	68
comprehensive	188
conceale	56
conduct	164, 202
conference	158
confident	110
confidential	110
consecutive	110
conservation	68
consider	218
considerable	110
considerably	134
consist	68
consistent	108
consistently	108
construct	200, 224
construction	200, 224
constructive	224
consumer	120
contact	170
contemporary	180
contract	42
contribute to＋名詞[動名詞]	24
conventional	148
conventionally	148
copy machine	78
corporate	48
corporation	12, 186
corporative	232
cost	220, 238
costly	148, 226
courteous	56
coworker	48
credibility	38
critic	84
critical	84
critically	84
criticize	84
current	34, 108
currently	108
customer	56, 106, 176
customer service	106
customer service representative	56
cut down on	226

D

damage	116
deal	42
decade	64
decide to do	98, 126
decision	136
dedicate	54
defect	236

defective	106, 236
deliver	18
demand	192, 236
demanding	240
department	138
depend	190
despite	108, 138
detail	32
develop	16, 24, 32, 52, 88, 170
development	62
devote	48
discounted rate	174
dispose of～	154
distribution	18
domestic	14
double	182
due	222, 230
due to～	222, 230
during	72, 244

E

e-commerce	38
each	176
earn	238
eco-friendly	192
economic	18, 64, 108
economical	64, 108
effective	90
efficiency	104, 238
efficient	104, 238
efficiently	104
either	150, 218
either A or B	150
electrical	236
electrical appliance	26
electricity	226
eligible	174, 216
emphasis (on)～	168
employee	16, 46, 86, 140, 160, 172, 174, 188
employer	46
employment	34, 64, 160
enable	18
enable A to do	170
encourage	48, 86, 130, 136
endangered	68
engineer	88
enhance	172
enough	164
ensure	178
enter	210
enthusiasm	126
enthusiast	126
enthusiastic	126
enthusiastically	126
entrepreneur	54
entrepreneurship	54
equip A with B	114, 124
equipment	86, 98
essential	26, 104
estimate	220
evaluation	90
even though	144
every	176
examine	214
exceed	78, 220
except	138
except A to be～	124
exception	110
exceptional	110
excess	220
excessive	220

Index

exchange ⋯ 106	focus ⋯ 190
exclude ⋯ 166	focus A on B ⋯ 98
excluding ⋯ 166, 180, 188, 192	focus on~ ⋯ 98
exclusive ⋯ 166	following ⋯ 28, 182
exclusively ⋯ 166	for rent ⋯ 96
existing ⋯ 200	form ⋯ 68, 144
expand ⋯ 192, 230	former ⋯ 208
expansion ⋯ 192, 230	found ⋯ 12, 168
expect A to do ⋯ 134	free ⋯ 216
expected ⋯ 222	frequency ⋯ 114
expenditure ⋯ 18	frequent ⋯ 114
expense ⋯ 144	frequently ⋯ 114
experience ⋯ 138	fuel ⋯ 42
experiment ⋯ 88	function ⋯ 208
expert ⋯ 88, 136	functional ⋯ 168, 208
expertise ⋯ 88	**G**
expiration ⋯ 88, 234	gain ⋯ 76, 170, 188
expire ⋯ 234	general affairs department
export ⋯ 34	⋯ 154
expose ⋯ 48	get ⋯ 224
extensive ⋯ 106	goods ⋯ 106
F	governmental ⋯ 68
facilitate ⋯ 160	grow ⋯ 44, 120, 140, 192
facility ⋯ 114, 192, 224	**H**
factory ⋯ 210, 222	handle ⋯ 56
favorable ⋯ 196	head office ⋯ 230
favorably ⋯ 196	help ⋯ 38
feature ⋯ 62	help＋人＋(to)＋動詞の原形
fee ⋯ 234	⋯ 72, 158, 182
few ⋯ 242	highly ⋯ 104, 128
field ⋯ 76	hold ⋯ 22, 66, 158
figure out~ ⋯ 158	host ⋯ 160
final ⋯ 136	**I**
financial ⋯ 206	identification ⋯ 210
financial advisor ⋯ 206	identify ⋯ 210
fiscal year ⋯ 28, 78, 134	identity ⋯ 210

immediately	236	inspector	214
import	34	inspire	126
impose	12	install	226
impressed	196	instead of〜	98, 114
impressing	196	instructor	74
impression	196	insurance	188
impressive	196	intensive	190
improve	46, 64, 94	interact (with〜)	48
in a row	84	interaction	160
in a〜manner [way, fashion]	56, 196	interval	86
		introduce	172
in a〜way [manner, fashion]	52	introduction	36
		invest (in)	166
in advance	234	investigate	172
in charge of〜	214	investment	166
in order to do	200	involve	34, 190
in response to〜	140, 192	issue	62
in spite of〜	108, 148	item	106, 118
in the past [last] few years	154	**J**	
		job interview	72
including	180, 188, 192	job-related	228
increase	18, 28, 94, 134, 220	joint development	42
increase (in〜)	36	just	144
increasingly	134	justly	116
indispensable	104	**K**	
individual	118	keep	176
individualism	118	keep A B	110, 228
individualize	118	**L**	
individually	118	lack	138
inefficient	104	late	120
inform	228	later	130
information (on〜)	146	launch	66, 98, 164
infrequent	114	law	110
innovative	106	law firm	110
inspect	214	leading	34, 78, 108
inspection	214	leave A B	26

less	130
little	242
locate	74
logical	190
lose	14
luxurious	66
luxury	66

M

make	56
make A B	158
make a decision	136
manage	12, 174
management	44, 190
manager	24
many	242
markedly	134
market	14, 118
market research	164
market survey	202
marketing	100
meanwhile	244
medical	98, 110, 170
medical care [service]	110
meet demand	192
membership	134
merchandise	106
merger	28
mission	160
model	208
moderate	86
moderately	86
modern	180
monthly report	64
more than～	186
most of the～	140
motivated	126

N

nearly	200
neither	218
neither A nor B	150
no longer	154
not only A but also B	150
notify	228
notwithstanding	108
nowadays	120
nutritious	148

O

offer	74, 168, 190, 198
offer A B	188
office equipment	78
of its own	182
on a regular basis	160
on bussiness	244
on the outskirts of～	74
once	120, 226
one's own＋名詞	136, 242
only if	144
operate	12
opportunity	46
organization	68
organize	16
organized	104
outsource	98
outstanding	76
over the past [last] few years	36
over the past [last]～years	134
overseas	24
own	174
owner	174

P

pack	118
packing	118
park	66
parking lot	100
participate	16
participate in〜	48
patient	56, 170
perform	90
performance	90
permission	224
permit	224
pharmaceutical	34
photocopier	78
plant	222
play a〜role in...	90
portion	118
position	240
positive	84
possibility	242
possible	174, 216, 242
possibly	242
preference (for)〜	120
present	34
prevent	172
previous	34, 182, 208, 220
previous to	34
previously	120, 136, 208
prior	136
prior to	234
process	52
produce	192
product	14, 32, 38, 106, 118, 164, 192, 208, 222, 238
product development	138
production	28, 192
productively	192
profit	108, 188
profitability	108
profitable	108
profitably	108
promote	24, 54, 232
property	166
provide	14, 110, 166, 190
provider	110
public relations	148
publication	166
publish	62, 166
purchase	106

Q

qualified	74
quite	242

R

ragard A as B	104
rate	64, 174
rather	130
reach	134
real estate	58, 166
recall	236
receive	76, 174
recent	116
recently	170
recommend	128
recommendation	128
reduce	26, 72
refrain	172
regular	86
regularly	86
reimburse	144
reimbursement	144
relate	238
related	98, 228, 238

related to〜	98
relationship	48
relative	238
relatively	238
relax	72
relaxation	72
release	64, 202, 222
reliable	216
relieve	200
relocate	58
relocate A + to + 場所	230
rely	14
renew	234
renewable	234
renewal	234
renowned	184
rent	66, 96
repair	66, 116
repairing	116
report	172
represent	232
reputation	126, 238
request	54, 144
request A to do	106, 184
require	44, 210
require A to do	110, 210
requirement	44
reschedule	222
reside	96
residence	96
resident	96
residential	96
result	202
retailer	120
retain	176
retire	22
retirement	22, 58, 188
review	84
revise	176
revision	176

S

safety	172
sales	94, 182
sales manager	196
sales representative	126, 182
save	226, 234
save A off B	234
saving	188
schedule	212
seek	88, 136, 160
seminar	100
serious	108
set up〜	54
several	208
severe	108
shortage	138
shortly	116
sign	42
significantly	24, 134
similar	172
since	234
situate	180
smooth	178
smoothly	178
solve	16
spite	138
statistics	118
steady	36
store	12
strategic	168
submit	12, 144
subscribe	166

subscriber	166
subscription	166
substantially	134
succeed in +名詞[動名詞]	52
successful	178
sufficient	164
supervise	126
supervision	74
supervisior	126
supplier	78, 108
supply	156, 214
survey	202

T

take	62, 212
take advantage of ~	62
take over ~	242
task	130
tax	58
the latest ~	146, 166
the latest +名詞	62
the personnel department	90
then	116
those	160, 206, 228
those interested in ~	206
those involved in ~	206
through	134, 156
time	86
total	220
trade show	204
traffic congestion [jam]	200
transfer A to B	138
turn off	26

U

under the supervision of ~	74
unemployment	64
unexpected	222
uniquely	52
unless	178
until	134
upcoming	204
upon	146
up-to-date	208
urge	18

V

vehicle	42, 124, 192
vice president	232

W

what	158
whether	178
while	146, 244
whose	156
wildlife	68
within	140, 144
working experience	88

Y

yet	150, 198, 218

■著者紹介

戸根彩子（とね・あやこ）

早稲田大学第一文学部卒業。大学在学中より予備校で講師として英語を教える。英語指導歴15年。TOEIC990点取得。予備校勤務時代の「授業力評価アンケート」では200名以上いる講師の中で3年連続1位となり、研修官として講師の養成にも携わる。現在は、TOEIC教材のほか、大学受験参考書、高校採用専用教材、予備校の公開模試などの執筆を行っている。

いきなりスコアアップ！
TOEIC®テスト600点 英文法集中講義

2013年11月15日　1版1刷
2016年 1 月14日　　　6刷

著　　者　戸根彩子
　　　　　© Ayako Tone, 2013

発 行 者　斎藤修一
発 行 所　日本経済新聞出版社
　　　　　http://www.nikkeibook.com/
　　　　　〒100-8066　東京都千代田区大手町1-3-7

電　　話　03-3270-0251（代）
印刷・製本　凸版印刷株式会社

ISBN 978-4-532-40802-2

本書の無断複写複製（コピー）は、特定の場合を除き、著作者・出版社の権利侵害になります。

Printed in Japan